二十四堂阅读写作课

沐

U0951800

西苑出版社
XIYUAN PUBLISHING HOUSE
· 北京 ·

图书在版编目（CIP）数据

二十四堂阅读写作课 / 沐绍良著 . -- 北京 : 西苑
出版社 , 2022.2
ISBN 978-7-5151-0829-2

Ⅰ . ①二… Ⅱ . ①沐… Ⅲ . ①阅读课－中小学－教学
参考资料②作文课－中小学－教学参考资料 Ⅳ .
① G634.303

中国版本图书馆 CIP 数据核字 (2021) 第 280695 号

二十四堂阅读写作课
ERSHISI TANG YUEDU XIEZUO KE

责任编辑　樊　颖
封面设计　末末美书
出版发行　西苑出版社 XIYUAN PUBLISHING HOUSE
地　　址　北京市朝阳区和平街 11 区 37 号楼 邮政编码：100013
电　　话　010-88636419
印　　刷　三河市嘉科万达彩色印刷有限公司
开　　本　880mm×1230mm　1/32
字　　数　104 千字
印　　张　6.5
版　　次　2022 年 2 月第 1 版
印　　次　2022 年 3 月第 1 次印刷
书　　号　ISBN 978-7-5151-0829-2
定　　价　39.80 元

（图书如有缺漏页、错页、残破等质量问题，请与出版社联系）

自 序

去年初夏，正当全国儿童年开始之际，杭州中国儿童时报社编者仲武君特地到上海来约我写稿。我因为以前曾在浙江各地做过小学教师，对于过去和儿童朝夕相处的生涯，恋恋不能忘情，就满口答应下来，预备写一些文章做个纪念。

当时我起了一个念头："写什么好呢？如故事、童话之类，出版的书籍已不可谓不多，儿童在这方面的精神食粮，不见得再会像我自己在儿童时代那样感到缺乏了，似乎不用再制造了。可是在其他方面，一时又想不到儿童急需的是什么。"正在这样踌躇，恰好夏丏尊、叶圣陶二位先生合著的《文心》出版了，承二位先生的情，送了我一册。《文心》读后，我上面的问题同时也得到了解决，就准备花一些功夫，想学学二位先生的写作方法，写一册给儿童的《文心》。

第一步，我重温了一次过去五年小学教师生活的旧梦；第二步，我从这个梦里，摘得了二十四个关于读写方面的要点，再把这些要点施以适当的配例，编成一个大纲；第三步，照着编成的大纲逐一用故事体写出来，题名《读写故事》[①]，陆续寄给中国儿童时报社。

我的文章原不能和夏、叶二位先生相比，谁知发表之后，却意外地得到仲武君的来信，说我的文章被该报读者爱上了，最初我不敢相信，以为仲武君造了谎，来鼓励我。以后又有友人风沙、文华（他们和仲武君也都认识）二君从杭州传来消息，说是该报的订阅增加了一千多，据该报征求读者意见的结果，报社才知道读者大多喜欢读我的《读写故事》，这使我不相信自己了。因为读者爱好，我不得不更加努力，谁知写到中途我忽然害了病。等到病体痊愈，《读写故事》在该报已脱刊了许多时日。这时我不打算续写下去。可是仲武君却一再来信鼓励我，督促我，终于又使我不得不振作精神。现在，这册书总算被我在昙花一现的儿童年中写成。谨在这里谢谢鼓励我写作的友人仲武、风沙、文华君和许多小读者！

---

① 为适应当代学生的阅读习惯，本书在语句方面做出相应的改动，现改名为《二十四堂阅读写作课》。

目　录
CONTENTS

目 录
CONTENTS

目 录
CONTENTS

目　录
CONTENTS

一 宽紧带

——长句和短句的读法与写法

虽说是初春，天气还是非常冷。站在启智小学门口的那株梧桐树，依然是光秃秃的像一段枯木。早上的太阳光照射在它的身上，似乎想给它一些刺激，使它苏醒过来。可是它像石头一样，尽贪睡着。

这时候，从校门左边的道路上来了两个孩子。他们像一对刚出窝的小鸟，跳呀跳的，非常活泼，两张圆脸上洋溢着儿童特有的朝气。他们渐跑渐近，谈话的声音也逐渐清晰起来了。

“啊呀，你看那株梧桐，老是这副死样儿！”

“可不是，现在已经是春天了，它也该抽出新芽来哩！”

这两个孩子一面说，一面让肩头挂着的书包颠呀颠的，进了校门。第一个说话的孩子的书包上写着的字是“朱觉明”。第二个书包上写着的字是“周学文”。

觉明和学文走到校园里，已经是八点钟了。过了一会儿，钟声响了，启智小学里三百多个孩子都聚在礼堂里，列成队伍，举行开学仪式。开学仪式很简单，可是很严肃。大家聚精会神地依着所列的节目做去，四周的空气紧张得像要屏住了各人的呼吸。一会儿，仪式宣告完毕，孩子们就分散到各级的教学室里去了。

“喂，梁先生来了！”学文轻轻地拉了一下座旁的觉明的衣角。

六年级里一阵快乐的欢呼声。梁先生右手握了一支粉笔，在欢呼声里和孩子们点了点头。

诸位同学：你们过了这学期，就毕业了。毕业之后，我们就不能像现在这样朝夕在一起，要各自分离了。因此，我觉得这一学期的光阴非常珍贵。我的希望，是想在这短短的一学期内，一方面尽我的能力，多告诉你们一些求学的方法；一方面还想和你们的感情更固结[①]些，让我们结成永久的朋友。这也许是我的奢望，但我相信只要我们现在的感情基础打得坚牢，将来别离之后，也许不至于中途忘怀。

今天，新课本还没有买到，不能分发给大家学习。我想趁此告诉你们一件事，当作这学期和你们第一次相见的礼物。

这是去年寒假里的事。有一个小朋友跑来对我说：“读书真不容易！”我就问他：“什么地方不容易呢？”

“我在读书的时候，遇到短的句子，就像吃汤圆一样，

① 固结：团结坚实，不易分开。

毫不费力，但一篇文章里汤圆一样的句子并不多，有时遇上了长句，就把我难住了，我无论怎样去读，总读不懂那些长的句子。”他回答说。

“你说的确是实话，长的文句的确比短的文句难懂。”当时我提起笔来，在纸上写了两个文句，比如像这样两句……

梁先生一面说，一面又在黑板上写：

（一）他用棒打狗。

（二）一个穿着短衣服的人拿着一柄扫帚用力打一只嘴里衔着肉的黄狗。

“第一句只有五个字，自然一读就懂。第二句有二十八个字，呼吸短促的人也许会读得上气不接下气，眼睛里看到的有‘衣服’‘人’‘扫帚’‘嘴’‘肉’‘狗’，再加上啰啰唆唆的字眼，真令人糊涂。但是像二十八个字的句子并不算长，有时候会读到比这更长的呢！”我说。

“怎么办呢？”那个小朋友问我，他像要哭出来似的。我笑着安慰他：“你不用着急。我给你一条宽紧带[①]，就可

① 宽紧带：又名松紧带。

打破这种困难了。”我就从我的腿上拿下一条宽紧带给他，他看了说：“这样的东西我不是也有吗？”他说着拉起他的裤脚管，小腿上露出一条花花绿绿的宽紧带给我看。我点点头说：“你的和我的都是一样的宽紧带，你也不用解下来了。现在，你且把我的宽紧带用两手拉拉看。”他果然拉了一拉，但还是莫名其妙，不知怎样用这个宽紧带去打破读长句的困难。

于是我画了两张图给他看，对他说：“第一张图是没有拉长的宽紧带，第二张图是拉长了的宽紧带。”

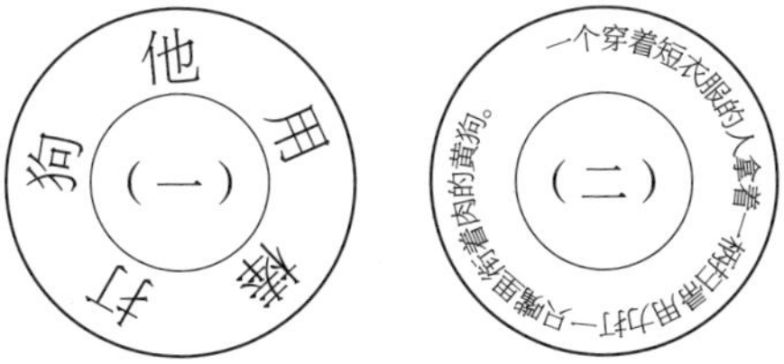

他看了一会儿，忽然大喊道：“我明白了，原来如此！文句真和宽紧带一样；照第二张图看来，那个长句的意义和第一张图的短句是差不多的。短句一个‘他’字，长句便拉成‘一个穿着短衣服的人’；短句一个‘用’字，长句便拉成‘拿着’；短句一个‘棒’字，长句便拉成‘一柄扫帚’；短句一个‘打’字，长句便拉成‘用力打’；短句一个‘狗’字，长句便拉成‘一只嘴里衔着肉的黄狗’。其实这个长句的意思，也不过是‘人拿扫帚打狗’六个较大的字呀！”

那位小朋友不待我的解释，已经明白了怎样用宽紧带去打破读长句的困难。我拍拍他的肩，对他说：“孩子，你真聪明！”

“但是我还不明白长句有什么作用呢。”他说着，脸上露出还不十分满意的神情。

我把当时解下来的宽紧带套上了腿就对他说：“长句自有长句的好处。比如像‘他用棒打狗’这句话告诉我们的意义很是简单，‘他’是哪样的人？他怎样打狗？他为什么打狗？这个句子里都没有告诉我们；但是像‘一个穿着短衣服的人拿着一柄扫帚用力打一只嘴里衔着肉的黄狗’这一句，这些问题就都有了答案。我们读第一句，所得的印象很淡，如果读了第二句，脑里就活画出一幅一只黄狗偷了一块肉，被一个穿短衣服的人捉住了，那人拿扫帚用力打这只黄狗的图画，所得的印象也就非常深刻。

“我们读长句的时候，第一先要留心找句子中最重要的字眼，例如上面所说的长句，它最重要的字眼就是‘人拿扫帚打狗’，这样可以抓住全句最重要的意义。然后再仔细看那些修饰‘人’‘拿’‘扫帚’‘打’‘狗’的词，于是全句的意义就可以完全明白了。

“所以读长句并非难事，因为句子和宽紧带一样一拉就长。你会看拉长了的宽紧带的花纹，自然也会看拉长了的文句的意义。”

这位小朋友听了我上面一番话，心里像又想着一个什么新念头。过了一会儿，他对我说：“文句既然和宽紧带一样，那么，我们在自己作文的时候，也可以把句子照这个方法拉长吗？”

我说：“在你感觉自己所写的文句不足以表示你自己的意思的时候，你就可以把它拉长。比如你先写了这样一句话：

我散步。

“接着想，‘散步是在池塘旁边’。你要表明这些意思，就可以把它拉长一些变成：

我在池塘旁边散步。

“后来又想，‘散步的时候妹妹也在身边，这一层也要表明’。你又可以把它拉长一些变成：

我牵着妹妹的手在池塘旁边散步。

“这样，句子就被你慢慢拉长了。但是你必须记住，在写文章的时候，切不可将句子任意拉长。因为你既然怕读别人有长句的文章，那么自己有长句的文章，别人同样会怕读呢。”

这件事说到这里，已经完了。我现在要告诉大家的是这个故事里的小朋友的姓名。他，就是你们的同学——周学文。

钟声又响了，梁先生和大家点点头，下了课。这时候，许多孩子拥到学文的身边来，不约而同地问：“学文，真的有这回事吗？”

读后作业

（一）把下列各句尽量拉长：

1. 爸爸回来了。

2. 明儿上街。

3. 姐姐拿刀切菜。

4. 武松打虎。

（二）把下列各句尽量缩短：

1. 他放声痛哭。

2. 我站在梧桐树下出神。

3. 一只凶恶的狗对着叫花子狂叫。

4. 他飞也似的跑去，用棉被扑灭了火。

5. 明明的爸爸举起一柄发了锈的锄头，用尽了全身的力量，一下子把一条巨大而可怕的毒蛇打死了。

二 菩萨和活佛

——呆的文句和活的文句之比较

“学文，今天梁先生对我们所讲的事，听了真觉得有趣，不知道当时的你，起了什么感想？”下课后，觉明问学文说。

“感想是有的，假使我说了出来，恐怕你会更高兴呢！我当时想，读书和作文两件事，实在是非常重要的，同时我们要在这上面求进步，却又并不十分容易。古人说‘读书破万卷，下笔如有神’，你想要文章写得好，要读一万卷书，而且不但读，并且要把一万卷书读破，这是何等艰巨的工作？虽然这句话里的‘万卷’并不是一个确切的数目，但也足可想见古人‘神而明之’的读书法是怎样的‘吃力不讨好’。去年寒假里，我得到梁先生指示读长句的方法以后，不瞒你说，我自觉读书能力的确进步了不少。因此我觉得，古人的读书法并不是好方法，我们必须要用像宽紧带那样的各种方法，才能得到事半功倍的效果。但是像宽紧带那样的方法，据梁先生说，是他自己研究出来的，他还说：‘这样的方法你们也可以去研究，假使大家都研究起来，就会有许多好方法产生。’”

“你和梁先生的话句句都对！”觉明拍手说，“我们不妨来研究研究。”

“啊，你不要说得太容易。”学文说：“这件事假使要做，必须联络多数兴趣相同的同学，大家组织一个研究会来研究，也许还能研究一些成绩出来。否则只凭你一张嘴说说‘研究研究’，恐怕不会有什么好的结果。”

觉明沉默了好些时候，像在仔细思索学文的话，突然，他紧握着学文的手，坚决地说：

“好，说做就做！我们大家来发起读写研究会吧！”

三天以后，周学文和朱觉明发起的读写研究会，果然组织成功了。参加的会员很多。他们请梁先生做顾问，规定每半个月开会一次，由各会员演讲半月内研究的心得，请梁先生指导批评。

第一次开会，演讲的是朱觉明，他说：

“今天我的讲题是《菩萨和活佛》——我们学校的近旁有一座城隍庙，庙里住着不少菩萨。说这些菩萨是‘住’在庙里，实在不妥，因为它们都是没有生命的东西，泥塑木雕，不会活动。迷信的老年人也许会向它们叩头，但是我有一次爬到那个‘城隍’的背上去，骑在它的肩头上，发了半天的威，它也不会生气。你们想好笑吗？

“但是在我们中国西藏，听说有一种人被称作‘活佛’。

我没有见过活佛，很想有机会亲眼见一次，可惜我不能往西藏去。后来梁先生告诉我，他说活佛是和我们一样的‘人’。

说了不少空话，现在我们来说正经的事情吧！

在文章里，有和菩萨一样的文句，也有和活佛一样的文句。明白些说，就是有呆的文句和活的文句。这两种文句，现在我先各举一例。让大家看看。”

他说着，在黑板上写了两句话：

（一）门前有一条小河，河水是静止的，可是河岸上的小草，因为有风吹来，却在摇动。

（二）门前横着一条小河，河水默默地躺在那里，可是河岸上的小草，却在风下打滚。

接着，他又说：“读了上面两个例句，我们就可以明白呆的文句和活的文句的区别。在第一句里，我们读后的印象不过像一幅静物写生画，小河哩，河水哩，小草哩，都一件件地被安放在我们的眼前，我们读了，只觉得眼前的景物安排得非常呆板。但在第二句里，我们读后的印象便不同了。打个比方，像是看活动影片。这上面的小河是‘横’着，河水是‘躺’着，小草却在‘打滚’！这印象在我们的脑里是多么鲜明，多么活泼！所以我们叫第一句是呆的文句，第二句是活的文句。

在一篇文章里面，如果都是呆的文句，我们读起来就像数三百尊罗汉一样，死板板的，毫无生气；但文章里若有了活的文句，读起来就极有趣了。我们平时喜欢拣文句活的文章读，就是这个缘故；同时我们又可以想到自己在写文章的时候，也该努力写活的文句。

现在，再让我们来研究一下活的文句的写法。据我的研究，要写活的文句，并不是难事。只要先把我们所写的目的物加以深刻的观察，或者代目的物设身处地地来想一想，然后动笔，事情就成功了。”

觉明说到这里，又拿起粉笔，把刚才在黑板上写的两句话，做了几处记号，变成下面的样子：

（一）门前有一条小河，河水是静止的，可是河岸上的小草，因为有风吹来，却在摇动。

（二）门前横着一条小河，河水默默地躺在那里，可是河岸上的小草，却在风下打滚。

“请诸位比较一下上面两句有着重号的地方，”觉明接下去说，“我们看，从‘有’字变成‘横’字，从‘静止’变成‘默默地躺’，从‘摇动’变成‘打滚’，无非都是把目的物进行了深刻的观察和代它们设身处地地考虑的结果。再说得明白些，就是我们把‘小河’‘河水’和‘小草’都当作了有生命的东西，因此，才写得出‘横’‘默默地躺’和‘打滚’这一类的词。这种写法我现在把它叫作‘动’的写法。‘动’的写法是值得我们注意的，因为唯有用‘动’的写法，才能写出‘动’的文句，才能使全篇的文章活泼生动，虎虎有生气。

“到这里，我的话已经快讲完了。不知道诸位的心里，以为怎样？如果诸位认为这几句话有点儿道理，我还想让诸位做一件事。”

觉明说着，从书袋里拿出一叠纸来，一面分发给听众，一面说：“我在这些纸上印了四段文章，其中的文句都是呆的，请诸位用‘动’的写法把它们改成活的文句。改成以后，请诸位交给我，由我拿去给梁先生看。”

这时觉明向大家行了一礼，就走回自己的座位，同时一阵热烈的掌声响了起来。

觉明演讲完了之后，主席就请读写研究会的顾问梁先生来批评。

“今天是读写研究会的第一次集会，想不到朱觉明就有这样一个‘响炮’准备，真出乎我的意料！”

梁先生正要说下去，却不料小朋友们因为梁先生把觉明的演讲比作响炮，觉得有些滑稽，都“哄”的一声笑出来。

“请大家不要笑，我说的是正经话。别人开会放的礼炮，无论怎样响，我总觉得不如我们这次开会觉明的演讲好。他的演讲实在难得，虽然并不长，却极精彩。而且，他这种材料，要不是有一番苦心的研究，是得不到的。我希望接下来还有更好的演讲！

你们叫我来批评，我觉得这次觉明的演讲实在是无可批评。真的！实在是无可批评！我这里有的，只是几句补充的话，现在不妨向大家谈谈。要写活的文句，这句话是不错的，因为活的文句有吸引读者的力量。这种写法，在写景的时候用处最大。从刚才觉明所写的例句中，我们就可以明白。不过在别的地方，这种写法就没有什么大用处了。但是我们不能因此就看轻这种写法，在写景的时候，如果不用这种写法，文章是不会好的。这是我要补充的第一点。

觉明把所谓的活的写法，说得很透彻。他说要把目的物（即景物）做深刻的观察，并且代目的物设身处地地想一想，然后动笔，才能成功。这的确是一句经验之谈，你们该牢牢记住。不过观察景物和代景物设身处地地想一想，这两件事不必一定在动笔以前。平时，我们看见了景物，即使不打算把它写入文章，也不妨仔细观察一下，甚至代它设身处地地想一想，它是在一个怎样的情况中。这种平素的锻炼，最能增进我们的写作能力，我们要特别注意。这是我要补充的第二点。

此外，还有一点不必要的补充，也无妨谈谈，就是活的写法在修辞学（研究写作的学问）上叫作拟人法。觉明不知道这个方法的名称，却自己定了一个‘活的写法’，实在定得很聪明，并且也足以证明他说的方法是自己研究出来的。这种研究精神，很使我佩服。所谓拟人法，就是把无生命的景物加以人格化，使它具有一种活动能力的写法。

好了。我希望你们以后在写作的时候，好好地利用这个活的写法。把一尊尊泥塑木雕的呆菩萨，吹进生命的活气，让它们都变成活佛，这是一件伟大的事呀！”

梁先生说到这里，恰好主席宣布集会的时间已经结束。

读后作业

把下列各句改成活的文句：

（1）一个冬天的晚上，矿场上堆着一个雪人，雪人被月亮照着，白白的，胖胖的，非常可爱。旁边有一棵老树，一阵北风吹过，老树就摇动了一下。

（2）春天到了，春风在花园里吹醒了各种花草，花草们都抽出了芽。

（3）那边有一条小河，河上有一座木桥。河水流过木桥的桥脚，在那里打了一个旋，又向前流去。

（4）一轮明月悬在天空，忽然来了一朵黑云，把月亮遮住了。月亮被黑云遮掩了好一会儿，才慢慢地从云里出来。

三
三个求婚的少年
——文句的变化

时光真快，第一次的读写研究会刚开过不久，眨眨眼，又到了第二次集会的日期。这一次读书研究会的演讲人是周学文，大家知道学文平日是一个爱说笑话的同学，猜想他这一次准有什么有趣的话将逗得人开口大笑。因此一到开会的时候，会场里便显得格外拥挤，就连不是会员的小朋友，也踊跃地来列席旁听。

主席说："今天开会，到会的人比第一次更多了。我们主持会务的人，真是说不出的高兴。今天是周学文君[①]演讲，他准备了一个很有趣的故事，现在就请他来说吧。"

周学文跳上台去，他向大家行了个礼，就说：

我今天讲的故事，叫作《三个求婚的少年》——某处地方，有三个少年，第一个叫龙伯通，第二个叫艾班，第三个叫胡比化。这三个少年很是要好，常在一块儿生活。有一天，他们看到一张报纸，上面登着一个启事，写着：

① 君："君"字用在人名之后表示尊敬。

征　婚

我有一个女儿，现在已经长大了，我想找一个聪明的少年，把我的女儿嫁给他。愿意娶我女儿的少年们，只要自问是聪明的，都可以来应征。

地址：中山街六十四号王宅。

这三个少年，一向知道王宅的女儿又美又聪明，看了这个启事，每个人心头都痒痒的，都想去试一试。可是他们谁也不说明自己的心事，各自悄悄地分了手。

龙伯通最先到了那里，王宅的招待人就把他迎接进去。只见里面走出一个老头儿对龙伯通说："你是来求婚的吗？"

"是的，是的。"他回答。

那个老头儿就给了他一支笔、一张纸，对他说："我的女儿是要嫁给聪明的少年的，不知道你是否真的聪明，请你做一篇文章给我的女儿看看。"

龙伯通接纸笔，由刚才那个招待人领到一间房里。他把纸展开，看见上面写着一个文题是"某月某日的日记"。

"只要写写日记，那倒是容易办的！"龙伯通自言自语地说了一句，就开始写了一篇日记……

“诸位，”学文忽然停止讲故事，向听众说道：

龙伯通这篇日记，我们大可注意，现在让我念给诸位听听，请大家批评一下，龙伯通的婚事究竟有把握没有。他在上面写着：

做完了一个梦，我就醒来了。我昨天疲倦的精神也已经恢复了。向窗外一望，太阳出来了，只听得鸡也叫了，鸟也飞出树林去了，我也就起床了。起床以后，我就穿衣了，着鞋了，洗脸了，刷牙了，吃饭了，到学校里去求学了。我到学校，时候已经不早了。同学们都在上课了。我走进教室里去，不留心把门上的玻璃打破了，先生就对我发怒了，我就被先生打了。我被先生打得很痛，哭了。先生见我哭，越发怒了，打也打得越发重了，我痛得连哭也忘记了［听众哄堂大笑］。我就把手挣脱了，一溜烟逃回家去了。

龙伯通写了这篇日记，还自以为很好呢，哪知道这篇日记给王家的姑娘看了，她觉得又好气又好笑，就在他的文章后面批了几句话，说是：“了字大家，又懒又傻。上学迟到，玻璃开花。先生发怒，怒得可怕，学生被罚，飞逃回家。这个少年，我不要他。”

第二个到王家来的，是艾班，和龙伯通一样，王家的老头儿也给了他一支笔、一张纸，叫他写一篇日记，看他是不是一个聪明的少年。

“只用写日记，那不是太容易的事吗？”艾班这样一想，觉得这件事有十分把握，就搔了一下头皮，不一会儿就写成了一篇……

“诸位，”学文说到这里又把故事打断了，接着往下说，

艾班的日记和龙伯通的并不相同，可是我们也大可注意。我现在也把他的日记背了出来，让大家欣赏欣赏：

我醒来了，但是眼睛还张不大开，心里想要起床，但是身体很懒，四肢像风瘫了一样。我想我真的风瘫了吗？但是一用劲，我却起来了。早饭以后，就想去上学，但是一看壁上的钟，时候还早，就在家里玩了一会儿。听到敲八点钟了，我就赶快往学校跑，但是在半路上，我想到今天是星期日，是放假的，就回来

了。刚到门口，听到背后有人叫我，我回头一看，但是没有人。我以为听错了，拔步进门，但是背后又有人哈哈笑了。我从笑声里听出是邻家孩子的声音，但是这次我并不回头睬他。他虽然要和我说话，但是我不睬他，他也没有办法。午饭后，我想到中山公园去玩儿，但是天下雨了。妹妹说，下雨不要紧，可以带伞，穿皮鞋。我想，她的话果然不错，虽然天下雨，但是我也不怕，就带了伞，穿了皮鞋去中山公园玩儿。但是到了公园，一个游人也没有［听众大笑］，太寂寞了，我只好回来。但是闷在家里很苦，我又只好去睡。睡了一会儿醒来，妹妹说天晴了，现在可以去玩儿了。但是这时候天快黑了，谁还高兴再去玩儿。

艾班写了这篇日记，以为一定能中王家姑娘的意，不料王家姑娘看了，牙齿咬住了嘴唇，只差没有笑出来。她在他的文章后面批了这么几句话："但是博士，糊涂颠倒，四肢风瘫，用劲就好。不知时间，被人调笑。游园无聊，就去睡觉；一觉醒来，一天过了。这个少年，我也不要。"

第三个到王家的是胡比化。和龙伯通、艾班一样，王家的老头儿还是给了他一支笔、一张纸，叫他写一篇日记，看他是不是一个聪明的少年。

“他叫我写日记，那么他的女儿一定是要嫁给我了！”胡比化心里暗暗得意，拿起笔来，在纸上一阵啰啰唆唆，很快便把一篇日记写成……

“同学们，你们大概很想知道胡比化这篇日记的内容吧！”学文又打断了故事的进展，向听众说道：

他这篇日记我也能够背出来，请诸位仔细听一听：

做了一个可怕的梦，然后我醒来了，我用手擦擦眼睛。然后起了床，然后洗脸，吃早饭。吃好早饭，然后背着书包去上学。我出了大门不多远，遇着一只恶狗，它向我叫一声，然后跑过来咬住我的衣角，我被它吓了一跳，想踢开这只狗，然后逃走。可是我的力气不及它的大，被它围住了，不能脱身，它咬破我的衣服，然后再咬破我的书包，然后再咬破我的裤子。我吓极了，然后急得大哭起来。然后我看见我的爸爸赶来，用棒把狗打跑了，然后他拍拍我的头说：“好孩子，不要怕，你回去换了衣服，然后去上学。”我听了爸爸的话，然后擦干了眼泪，跟他到家里换了衣服，然后再去上学。下午放学回来，心里还记得那只狗，怕得很，只好不走大路，从小路走。走了一半的路，然后看见一头牛横在前面，我想牛是老实的家伙儿，一定要它让路，然后让我过去。我大声喝它，它不听，然后我用拳头敲它的肚子，它也不管，然后我拾了石子击它的头，忽然它发怒了，向我猛冲过来，我敌不过它的气力，只好倒退。然后冒了险，仍旧走大路回家。

王家姑娘看了胡比化的这篇日记，也是摇头，在他的文章后面批了这么几句话："大路遇狗，小路遇牛。然后先生，无路可走。欺善怕恶，实在下流。不敌畜生，多么可羞！爸也然后，儿也然后，要想结婚，然后然后！"

"我的故事到这里已经讲完了。"学文向听众说，"这三位求婚的少年，结果都是失败的，王家的女儿到我现在说话的时候为止，还找不到她理想中的聪明少年。我想如果诸位也有心去一试，倒不妨去试试看。不过，为了达到你们的目的，你们得仔细笔下的文章。虽然她只要你们写一篇日记，但要是你们这篇日记中的文句有了毛病，她的眼光却很犀利，马上就会把你们的毛病指摘出来的。”

“现在让我们来丢开故事的情节，研究一下这三位求婚者的文章吧！据王家的女儿在三篇文章后面的批语，龙伯通是一个‘了’字大家，艾班是一个‘但是’博士，胡比化是一个‘然后’先生。她这样称呼他们，自然并非佩服他们真的了不得，无非是讽刺他们的文章是弄不通的，是呆板的，是无变化的。龙伯通的文章，重重叠叠地用‘了’字；艾班的文章，重重叠叠地用‘但是’；而胡比化却常用‘然后’。我们知道文句如果没有变化，我们读起来就有一种不快的感觉。活泼的文章，它的文句一定没有这种毛病。现在三位求婚者的文章，我都已油印出来，要分发给诸位。请诸位拿去之后，仔细地替他们改一改，医好各篇的毛病。改成后，请交给本会的顾问梁先生。”

学文说完了，向大家摆一摆手，就下了台。大家都拍手赞成他说得好。

最后，主席请梁先生上台来批评。梁先生说：

“今天学文的故事可以说是一个精美的杰作。他在故事中包含文句的研究，如果没有一番苦心的计划，是讲不出来的。这里我要替他补充的是，呆板的文句，不一定是用‘了’‘但是’或‘然后’，还有许多文章，仅是用什么

‘于是’‘不久’及什么什么，连篇到底，也犯了和这三位求婚者同样的毛病。这一点请大家注意。”

读后作业

修改下面的文句：

（1）因为近来的天气还很冷，所以我的身上还穿着棉袍。但是因为棉袍是很重的，走起路来，做起事情来，都很不方便，因为这个缘故，所以我终于把棉袍脱去了。

（2）自从哥哥死了之后，我每天都很不快乐。后来妈妈生了一个弟弟，自从我有了弟弟，我又快乐了。后来弟弟又死了，自从弟弟死了之后，我更不快乐了。

（3）不知怎样一来，那只狗发怒了。那时，我恐怕它要咬我，就逃开了去。一会儿，那只狗摇摇尾巴，好像很和善的样子。那时，我知道它绝不会来咬我，就跑过去和它玩。

（4）他从袋子里摸出一块糖来给我吃，又从袋子里摸出一个小球来给我玩，又从袋子里摸出一张图画来给我瞧。

四

急惊风与慢郎中

——文句的缓写法和急写法

学文和觉明组织了读写研究会以后，参加的会员因为都肯努力研究，不到一个月，无论阅读能力或写作能力，都有了显著的进步。因此梁先生对这些会员，也时时点头称赞，说他们都是好孩子。

许多没有加入读写研究会的同学，听说这个会办得很好，都抢着加入；好像谁不加入，谁就错过了吃糖的机会一样。这么一来，读写研究会的会员数，很快地就从七八人增加到四五十人。

参加的新会员，一部分是五年级的同学，其中有一个名叫钱文华的，虽然年纪很小（他还只有十二岁呢），却非常聪明，而且又肯非常努力地研究，因此他的进步也非常快。到了第三次读写研究会开会的前一天，会员们就公推他去演讲。

第二天开会的时候，钱文华早把演讲的材料预备妥当，不待大家催促，就毫不踌躇地上了台。他先在讲台后方的黑板上写了几个大字：

急惊风与慢郎中

钱文华开始说：

诸位同学，你们想必都已知道“急惊风碰着慢郎中”这句俗语的意思吧？在这句俗语里，“急”字和“慢”字是对照得很巧妙的，假使小孩子所患的病是急惊风，而请来的医生恰好是慢郎中，那么这个孩子的父母一定会摇头着急，这是当然的事。

现在我们来说正经的事。在文句里，也有和急惊风与慢郎中同样的情形，研究起来，很是有趣。请大家看我来举例。

钱文华说到这里，在黑板上写了这么两句：

（一）“父亲病重，弟弟来了电报，我得赶快回去，你们的功课，我请徐先生代我教。”先生的脸色立刻变成灰白，丢了电报，双手捧着头说。

（二）先生的脸色立刻变成灰白了，丢了电报，双手捧着头说：“父亲病重，弟弟来了电报，我得赶快回去，你们的功课，我请徐先生代我教。”

钱文华接着说：

现在请大家比较一下，上面两句话，说的同是先生接电报以后的情形，但因为写法不同，我们读后的感觉就有缓急之分。这是因为第一例是缓写法，第二例是急写法。其中先生脸色的改变是最重要的一点，应该把它放在谈话的前面，别人读了，情绪也会立刻跟着紧张起来。急写法就照这样办，缓写法却反把先生的谈话放在脸色改变的前面。

原来文句之需缓写，还是需急写？是应该随事情的性质决定的。有许多事情的性质并不紧急，当然应该缓写。但像上面那样所说的事必须用急写法，才能发挥出文章的能力。如果也用缓写法，别人读了，情绪就不会紧张了。那样的文章当然不是好文章。从前的读书人，在路上遇了大雨，还是斯斯文文地走。有人问他为什么不拉起长衫奔跑，他就回答是“宁可湿衣，不可乱步”。像这种不知缓急的呆鸟，做了医生便是一个不折不扣的慢郎中，写出来的文章自然也是不会好的……

大家听到这里都忍不住笑了，并且暗暗点头。只见钱文华换了一口气又说道：

不过急写法虽然有使读者情绪紧张的效果，却也不可滥用。从前有一牧羊人，因为在山中独自放羊，很是寂寞，他就想出一个说谎的方法，去惊动附近的村民。当他第一次狂喊“狼来了”的时候，附近的村民听了果然信以为真，就跑上山去救他。谁知他看见别人上了当，在那里拍手狂笑，哪里有什么狼！这么一次两次后，村民们因为他常常说谎，以后就不信他的呼喊了。有一天，山上果真来了狼，这时他吓得魂不附体，又像以前一样地狂喊起来。可是村民们因为对于他的呼喊已经不肯相信，谁都不再上山去。这个牧羊人，终于和他所放的羊一样，填饱了狼的肚子。在文章里，如果滥用了急写法，它的结果也就和那个牧羊人相似，会失去读者的信赖。

现在，让我们再来细究一下缓写和急写的方法。

钱文华一面说，一面又在黑饭上写了四句：

（三）半夜里，我在梦中正和弟弟玩得高兴的时候，忽然一片锣声响，惊破了我的梦。醒来一听，锣声在前街，原来是前街失了火。

（四）半夜里，忽然一片锣声响，惊破了我的梦，当时我在梦中正和弟弟玩得很高兴。醒来一听，锣声在前街，原来是前街失了火。

（五）武松见了虎，叫声“啊呀！”一翻身到青石的旁边，等虎扑过来。

（六）“啊呀！”武松见了虎，大叫一声，一翻身到青石的旁边，等虎扑过来。

这上面第四、第六例是急写法，第三、第五例是缓写法。我们由观察各个例句的结果，知道缓写法只是平铺直叙；至于急写法，却往往前语与后语倒置，以便把最重要的一部分调到前面去。例如第四例的锣声，第六例“啊呀”的呼声，本来在“做梦”和“武松见虎”后面，这是平铺直叙的写法，也就是缓写法。但是为了强调锣声和“啊呀”的呼声的重要性，就都把它们移到前面去了。这样一来，虽然破坏了有层次、有先后、平铺直叙的规则，可是文章的能力格外地发挥出来了。

以上是我对于缓写法和急写法研究所得的报告。我的能力很薄弱，说话又不擅长，这一次的演讲当然是失败的，请大家原谅，并且请大家和梁先生批评指教！

钱文华说完了，好像觉得很惭愧的样子，匆匆地向大家行了礼，就走下台去。可是大家并不吝惜各人的掌声，像春雷一样的掌声充满了整个会场。

末了，梁先生对大家说："你们的读写研究会的确越来越精彩了，今天钱文华的演讲，不但你们听了得益，连我也得了不少启发。钱文华是五年级的同学，已经有这样精彩的演讲，实在是我意料不到的。现在，我也有一些意见，不妨和大家谈谈。请大家看钱文华所举的第一、第二两例，这两个例句，都包含着谈话。本来文章里有谈话的地方，通常都是先写某人说，再接写某人所说的话。但是你们一定已经看到过有许多文章里面，却是像第一例那样的写法，把某人说写在某人所说的话的后面。那样的写法，原也未尝不可，尤其在对话的时候，更契合实际的情形。不过到了需用急写法时，如果所说的话并不能显出紧急的情形，就不应该放在前面。再看第六例，因为正如钱文华所说，其中'啊呀'的呼声很重要，所以要放在前面。总之，是某人说应放在前面，还是某人说的话应放在前面，这件事和文句内容的缓急大有关系，这是要请大家注意的。"

读后作业

（1）找寻别的书里缓写法文句和急写法文句的例子。

（2）自己想一件性质紧急的事情，先用缓写法，再用急写法，写了以后互相比较。

五

疳积糖

——单词的理解和应用

"听说今天晚上，读写研究会又要开会了。"

"怎么，今天晚上又要开会？会章上不是规定着每半月开一次大会吗？那么这个月岂不是开三次了？"

"不错，可是我刚才看到的布告是这么说的，今天晚上是例外的会，由梁先生召集，他要对我们做演讲呢！"

"哈哈！原来是梁先生演讲，那么今晚非到会不可！"

"是呀，我今晚本来想跟爸爸去看戏，现在我也决定不去看戏了呢。"

晚上，全场静悄悄地坐着四五十个人。

"呀"的一声，会场的右首角门开了，笑容满面的梁先生立刻出现在大家的眼前。大家站起来向梁先生致敬。

"请坐，"梁先生说，"我今晚请大家来，要请大家吃一块糖，当作这学期给你们的第一件赠品。"

大家瞪住了两只眼睛，喉咙里忍不住咽了一口水。"请大家不要误会，"梁先生接着说下去，"说是梁先生惯会哄人，我真的要请大家吃糖——这块糖叫作疳积糖[①]。"

---

① 疳（gān）积糖：一种中医药物，能健胃消食，去积驱虫。用于小儿疳积，消瘦烦躁，食欲不振，夜睡不宁，腹胀呕吐。

我想你们一定有许多人吃过这种疳积糖，疳积糖的滋味不是很甜么？但是疳积糖的好处，还不仅是甜，它还有一个大功用，这功用就是能治小孩子的病。

小孩子最喜欢吃零食，零食吃多了，就肚子难受，肚子会变得胖胖的，硬硬的，像一个大西瓜。长了这样的肚子，当然是出了毛病啦！这个毛病就叫疳积病。有疳积病的小孩子，都是面黄肌瘦、爱哭、不讨人喜欢的。要医治这个病就要吃疳积糖。

诸位小朋友也许会说，梁先生要给我们吃疳积糖，难道我们个个都生了疳积病吗？不，你们的肚子里是不是个个都生了疳积病我不知道，这件事我们改日请校医周先生来检查。我现在要说的是，你们中有几个人的脑筋里生了疳积病。

自你们组织了读写研究会以来，你们对于看书这件事真是起劲。但是你们中有几个人太性急了，把书像零食那样地拼命乱吃，不管文章里的词究竟是什么意思，就囫囵吞下，以致吞进了却没有消化，生了疳积病。

他们生疳积病我是怎么知道的呢？你们是不是要奇怪呢？告诉你们，我是从他们最近所写的文章里看出来的。

梁先生说着，从刚才拿来的一叠作文簿里抽出一本，提高了嗓子读着：

这天竹贤到我家里来旅途，对于久别的老朋友，相见时大家都无限感激，这怨恨牵了于韶华的快走了。我们的不知不觉究竟过了数多年了，这多年中彼此都被他太恶的危机，社会的生命，付尽了前程，头上都受了雪白的鬓毛[①]生满了。

梁先生把这节文章读得很慢，读了一遍，怕我们听不懂，又把它很快地抄在黑板上。

这一节文章，大家看得懂吗？它的意思，据我推测起来，大概是说两个朋友久别重逢，彼此从谈话中说起各人自分别后在社会上奋斗的经过。这些意思，原来可以用明白的文句写出来的，这位小朋友因为要“掉文[②]”，而所掉的文都是脑子里没有消化过的东西，结果弄得读这篇文章的人感到莫名其妙。

---

① 鬓（bìn）毛：鬓角的毛发。

② 掉文：卖弄文采。

当然喽，这位小朋友是生了疳积病。我看了他这篇文章，就可以肯定他读书一定很起劲，否则他是不会掉那些莫名其妙的文句的。可惜他读书的时候太不仔细地咀嚼每个词的意思了，生吞活剥地装了一脑袋，到了写文章的时候，就又把它搬到自己的文章上。

他笔下所运用的词，都是连他自己也不明了的，或者说他完全不懂，也无不可。既然是连自己也不懂的词，怎么可以随便拿来应用呢？若说这样做出来的文章就是好文章，那么做文章真是太容易了！

七八十双眼睛瞅着梁先生的面孔，大家似乎觉得梁先生有些生气。梁先生却忽然笑了一笑，接着向大家说：

在这位小朋友的文章中，满纸都是不消化的词的堆积，看了的确使我生气。但是过后我不生气了，因为我去看了看另外几个小朋友的文章，也都和他的一样。不用说，这疳积病是你们普遍的病症，我哪里可以独怪他一个人呢？我现在非但不怪他，并且对于他们读书的努力也着实佩服。现在他们的病，不过是一时的现象，假使经过我这一次的提醒和指导，预料他们一定会像吃了一块疳积糖一般，可以立刻痊愈的。并且，你们中间虽然也有不患这种病的，但也有患这种病的可能。因此我要请大家都吃这块疳积糖。

这块疳积糖，就是这样一句话："作文时所用的词，必须是自己彻底了解的，如果自己不了解宁可不用。"这句话你们听到了吗？

"听到了！"全场的会员齐声回答着。

"好，"梁先生点点头，又说下去：

现在我们再回过来看刚才那位小朋友的一节文章。在他这一节文章里，他用了"旅途""感激""危机""生命""前程""牵""数""付""受"等词，而这许多的词他自己因为没有懂得，所以用得极不适当。此外，"雪白的鬓毛"一句太不近人情；"韶华"一词也是不必要的做作，可以改作"光阴"；而"这怨恨牵了于韶华的快走了"这句话根本是不通的。你们想，我们平时在说话的时候，会说出这样的句子来吗？其实说话的时候，颠颠倒倒地说还不要紧，因为别人可以当面问他一个明白。作文却更需比说话小心，因为在别人看不懂他的文章时，要想问他，他也许不在别人身边啊！

读后作业

回答下列的问题：

（1）为什么书上读过的词，自己没有彻底明白，在作文的时候不能用？

（2）既然自己没有彻底明了的词不能用在自己的文章里，我们是否就永远不用它？还是应该设法彻底明了它，再用它？（说出你的理由）

（3）我们不明了的词，是否就是自己脑子里根本没有这个词具有的意思？

（4）说出文章和说话在性质上的异同。

六

一看再看和一比再比

——续单词的理解和应用

读写研究会的会务，由于各会员的努力，梁先生的随时指导，近来有了更惊人的发展。会员的数目，也已从四五十人突增至七八十人，差不多五六两年级的同学，全体都成了读写研究会的会员。

本来，读写研究会的组织是很简单的，现在会员数这样增多，使原有少数的负责人（觉明和学文等）感到，如果不把这个组织扩大一下，恐怕会务的发展与实际的成绩将不能并进，因此，觉明他们便决意召开一个临时大会来解决这个问题。

根据临时大会开会的结果，读写研究会正式宣布扩大组织。在大会里，全体投票选出了五个执行委员：周学文、朱觉明，六年级的女生林文英和五年级的徐宽、钱文华。又通过了新定的会章，规定除每半月开例会一次外，每两个月出会刊一期，以便各会员用文字发表研究心得。此外，又规定各会员每星期需填写读写研究报告表一张，交给执行委员，由执行委员汇集送交梁先生和五年级的主任胡先生批阅。

这几个执行委员，办事真是热心！他们第一件努力进行的事，就是筹备出版第一期会刊。五个人分工合作，有的征稿，有的集稿，请梁、胡两位先生改稿，有的把稿子誊写在蜡纸上，有的油印，有的装订成册，不到一星期，便把第一期会刊出版了。

这一期会刊，除了一篇短短的发刊词，第二篇就是觉明的一段日记，上面写着：

自从那天晚上梁先生给我们吃了疳积糖之后，我就觉得读书和作文，真是一件不容易的事。可是，正因为它的不容易，我对它产生了更大的兴趣。

梁先生的谈话，引起我一种新的感触。这感触就是读书要想能体会它的真正意义，作文要想能表达真正的思想和感情，对于“词”的性质，非透彻明了不可。

我平时对于每个词只求明白即可，对于它的性质，谈不到有透彻的理解。今天想想，觉得这件事非常要紧。假使我不能把它们透彻明了，那么写出来的文章就绝不会好，岂不是又要吃梁先生的疳积糖？

现在不妨把我认识的词，举几个出来，并附举几个相似的词，来做一个比较，看我对于它们了解的程度究竟有多少：

用途——和“用处”的意思差不多，与“用法”便不同了。“用途”是说某种东西在哪方面用得着。“用法”是说某种东西的使用方法。例如，毛笔的“用途”有写字、描图等，它的“用法”是右手手指分别夹住笔杆，运用手腕的力使笔尖在纸上移动。

现象——是说表现在外部的样子，与“景象”不同。“现象”是动的，“景象”是静的；与“气象”也不同，“气象”似乎比“现象”更含有动的意味。

实验——是说实地试验。与“实施”“实行”不同，与“测验”“试验”也不同。“实施”“实行”是说一件事或一种计划的进行，没有“验”字的意义；“测验”“试验”是说对于一件事情的推测和尝试，“实”字的意义不是很浓重。

检查——是对于某事物的检点调查，比单说“调查”切实。与“检举”不同，“检举”是指检点而后选出，“检查”并不选出什么。

要想把一个词的性质理解得透彻明了，实在不是一件容易的事。“词”像“人”一样，我们认识它，犹如和别人做朋友，必须了解朋友的性情，这件事是多么难啊！但是仔细想来，却又不难。我们在一朝一夕之中要明了它，固然不容易，但是日子久了，接触一多，自然能逐渐明白。比如交朋友，和这位朋友相处久了，难道还会不知道他的性情和脾气吗？

可是，这样说又似乎太容易了。假使对于一个词，在每次读到它、用到它的时候，都不假思索，不加体会，不加推敲，让它过去，那么这个词的性质，我们恐怕一辈子也不会明了的。我们每次和它接触的时候，必须一看再看，又必须把它与别的相似的词一比再比，然后对于它的了解才能够深入。

所谓一看再看，包括“体会”“思索”和“推敲”三项，这三项功夫，都着重在词的内容、意义上。至于词的外形，词的写法，固然应该注意，但在这里可以不必说起。

比如对于“黄昏”一词，我起初在字典上查到的解释，大概只是说“日落的时候”，固然不能算错，但是到现在为止，我对这个词的印象，却并不这样简单。当我一看到这个词的时候，立刻会联想到映在窗外的灯光和映在灯光里人体的黑影，似乎这些黑影是一个家族，他们在灯光下有的做着女红，有的温习功课，有的在围炉谈笑，说不定还有一个最小的弟弟伏在他妈妈的膝盖上瞌睡着呢！这种印象，我也不知道是从哪里得来的，大概来说总不外“体会”“思索”和“推敲”吧。自然我不敢因此就说对于“黄昏”一词有深入的了解，但是我认为比以前是了解得深入了些。

不过有许多词，单就它的本身去体会、思索、推敲，还是不能深入了解的。要想深入了解，就必须像前面所说的那样，把它与别的相似的词一比再比，比较这个词与别的词在意义上有什么不同。这样的例子我在上面已经说过，这里不必再举。有人主张这种功夫是不必要的，但是我以为非常要紧，因为不把词的意义彻底弄明白，无论在阅读上，还是在写作上都很不利。在阅读的时候不能真切地体会到文章的意义；在写作上，尤其容易发生许多错误。例如：

爸爸！请你放心，你儿子这一生没报答你的伟大慈爱，现在所能安慰你的，唯有努力学习求取进步！

如果把上句中的词换上几个相似的词，成为下面的样子：

爸爸！请你放心，你儿子这一生没报复你的伟大慈爱，现在所能快慰你的，唯有努力研究求取进步！

于是，又要吃痞积糖了。后一句的话与前一句也无非只差几个词，而且相差也似乎极微，可是糟就糟在这“似乎极微”的地方。因为“报复”与“报答”，“安慰”与“快慰”，“学习”与“研究”，不但意义差很多，用法也截然不同。“报答”对“慈爱”而言，爸爸对儿子“慈爱”，儿子怎能向爸爸“报复”？“报答”是对帮助过我们，爱护过我们的人说的；“报复”是对欺侮过我们，害过我们的人说的。至于“安慰”，尤其不能用“快慰”来代替，“快慰你”，不成一句话。因为“快慰”是自己心里觉得快慰，而“安慰”是安慰别人。说到“学习”与“研究”，用错的人更多。“学习”可以泛指一般的求知活动，不必一定说出学习什么；“研究”多半要把研究的对象说出来，而且在意思上比“学习”更进一步，大都指对某一事物或某种科学做深入的探讨，不仅是接受知识。

读后作业

下列各句的______处，从句末的括号内选一个适当的词填进去：

（1）一个使人____的春天。（快慰）（快感）（快乐）

（2）图书馆应该____在交通便利的地方。（建筑）（建设）

（3）这件事我并不____这样办。（主张）（主义）（主意）

（4）他的衣服虽然是破的，可是很____。（清楚）（清洁）

（5）你听她的歌声多____啊！（美妙）（美丽）

（6）乱吃东西的人____是会害肠胃病的。（大概）（大都）

（7）文华很努力，这学期在学习方面____得很好。（表明）（表现）（表示）

（8）我们决心____祖国，谁敢来侵略，我们就打击谁。（保护）（保卫）（保持）

（9）缺乏____的人，到了失败的时候，一定十分悲伤。（信用）（信仰）（信心）（信条）

（10）他常常想出各种____去害别人。（计策）（计划）

七

矛盾和隔膜

——再续单词的理解和应用

在第一期的《读写研究会会刊》上，接着觉明的一页日记而登载的，是一段对话。这一段对话的来历是这样的：

那一天，觉明的日记簿放在书桌上，被学文看见了，学文读了那一段《一看再看和一比再比》的文章，觉得很有道理，就呆呆地想了一会儿，然后去找觉明。

他在运动场的一隅找到了觉明，觉明这时候正坐在大树下看小说，看见学文来了，两个人就互相打了招呼，谈了起来。

当他们两个笑着互相招呼的时候，却被操场另一隅的徐宽看到了，他当初以为他们两个谈的是秘密话，就悄悄地蹑脚过去，隐身在大树背后，偷听着。谁知学文和觉明谈的是关于读写方面的事，这时候，他真佩服学文和觉明的研究精神，就改变了自己的态度，从口袋里摸出一本笔记簿，一面听他们的谈话，一面就记了下来。后来学文向他去征稿，他就把那篇谈话交给了学文，倒使学文吃了一惊。从此以后，徐宽就得了一个“福尔摩斯”的绰号。那篇谈话是这么刊载的：

学文：昨天你在你的日记里不是写着一篇对于词的见解吗？

觉明：是呀，你看了我的日记，有什么意见？

学文：你的意见我很佩服。“一看再看，一比再比”，对于词的认识，除了用这样的方法，恐怕再没有别的好方法了。

觉明：你说得太客气哩！我想我这个方法，虽然是从实际体会上得来的，但不见得就是最好的方法吧！

学文：也许还有别的好方法，但我可不知道——不过，我看了你的日记之后，心里却另有一点儿想法，现在可以把我的想法和你讨论一下吗？

觉明：好极了，你有什么好主张，就请说出来吧。

学文：说是当然会说出来的，可是，唔，我现在可不是和你开玩笑，请你不要误会。

觉明：我知道你平时虽然爱说笑话，但遇到正经的事，你的态度就会改成正经的。

学文：那么得啦！我以为，在写作的时候，除了明白词的意义，还要注意到一件事。

觉明：唔，还要注意到一件事！什么事呢？

学文：就是注意在一句话里面，不要用两个性质互相矛盾的词。

觉明：这样的事，不是不会有的吗？

学文：不会有？我刚才还读到一句呢，叫作“一面做事，一面休息”。

觉明：哈哈！你又说笑话了！不过这样的文句，的确有误写的可能。

学文：我哪里是说笑话。这种矛盾的句子的确随时可以遇到，就是我们自己在写作的时候，一不留心，也会犯同样的毛病。

觉明：你的话确是实在情形。像“一面做事，一面休息”这样矛盾的句子，是由于它的本身好笑。现在我也想到了些矛盾的句子，比如说“汹涌的波涛里，帆船很快地向前行驶着”，仔细想来不是也矛盾得好笑吗？

学文：是呀，还有哩！什么“皎洁的明月衬着璀璨的星光”，什么“在黑暗中看见了一块石头”，不都是矛盾的文句吗？

觉明：假使我们把它们分起类来，那么像“一面做事，一面休息”可以说是时间的矛盾；“汹涌的波涛里，帆船很快地向前行驶着”是空间的矛盾；“皎洁的明月衬着璀璨的星光”和“在黑暗中看见了一块石头”是自然现象的矛盾，同时也可说是空间的矛盾。其他矛盾的文句不知道还有多少哩！

学文：不过，有一种文句看上去好像是矛盾的，实际另有他用，我们却不能把它一概看待。例如，“高高的矮凳”“长长的短袴[①]”之类的，因为前者是极写矮凳的高，后者是极写短袴的长，都是不能算矛盾的。

觉明：是的，这句话也有理。我们不妨把这一类的句子当作例外。因为如“凄凉的微笑”“不禁又悲又喜”都另有他用，自有存在的价值，我们不能将其混在一起说。

学文：而且我还想到一点，就是在一句话里，只要在写作时稍稍留心，矛盾倒还容易避免；但有时候在一节文章里，不知不觉地前后起了矛盾，这才不易被发觉呢。

觉明：在一节里，怎么也会有矛盾呢？哦——

学文：怎么没有？在一节里，前面的意思在说春天，后面的意思却在说秋天，不就是起了矛盾吗？这样的例子，记着麻烦，所以我一时举不出来。

觉明：是的，你的话不错。这样的矛盾的确也有，既然它不易被发觉，我们在写作的时候不是更要留心吗？

学文：不但是一节里面有矛盾，一整篇的文章前后有矛盾的，恐怕也不会没有吧？

---

① 袴（kù）：“裤”的异体字。

觉明：唔，那也是有可能的。比如说题目是《少年时代》，开头写的固然是关于少年时代的话，但是写了一会儿，笔头一滑，写到老年时代上去了，这样一来不是就起了矛盾吗？

学文：哈哈，那么岂止是文章本身会起矛盾，就是题目也会发生矛盾哩。

觉明：题目本身的矛盾，不就是文句的矛盾吗？

学文：不，我现在才要说个笑语给你听，我说的题目本身的矛盾，和你的意思略有差异，我要说的是题外的话。我在一本杂志上看到过，说是有一位教师教小学三年级作文，他出了一个题目，叫作《我的儿童时代的回忆》。你想，这不是题目本身的矛盾吗？

觉明：哈哈，要这样年幼的人回忆儿童时代，这才好笑啊！

学文：在文章里写了矛盾的文句，一整篇的文章就都糟了。

觉明：是的，我们在写文章的时候，的确要十分留意矛盾的文句。不过除了矛盾的文句，我现在却想到另一种文句，虽然在意义上并不矛盾，但是也同样要不得。

学文：这是哪一类的文句呢？

觉明：比如说“寂寞的快乐”，寂寞和快乐虽然并不矛盾，但把它们连在一起完全是驴唇不对马嘴，快乐有什么寂寞不寂寞呢？

学文：你这个例子举得的确有趣，我也想到一句类似的句子，叫作“无聊的悲伤”，是最近在一篇文章里读到的。它的性质不是和你说的那句很相近吗？

觉明：对呀，这一类文句，你说它矛盾，它却并不矛盾，你说它对，却又令人摸不着头脑，我们可以叫它作“隔膜[①]的文句”。因为在这样的文句里，前言后语的意义是“隔膜”的，不是吗？

学文：不错，说它是“隔膜的文句”，真是再确切不过了。

觉明：我想是矛盾的文句也好，隔膜的文句也好，他们之所以会造出这样莫名其妙的文句，最主要的原因是不懂词的意义。因为不懂词的意义，而又随便胡乱凑在一起，于是就闹出这个笑话来。

① 隔膜：隔阂（hé），指情意不相通，彼此不了解。

读后作业

重读“疳积糖”一节，把梁先生的谈话和本节的谈话进行互相印证。

八 大脑便便

——语汇的吸收

下面是读写研究会刊载的第三篇文章，是学文日记中的一段：

今天和觉明谈话，觉得很有趣。对呀，一个文句里用了互相矛盾的两个词，固然要不得。用了两个互相“隔膜”的词，也就不能表现文句的意义。我们在写作文的时候，这两点确是最该注意的！

但是这两个毛病要避免也不容易。比如，我要写一句话，想说明某人的谈话是很滑稽的，但是他说的话又并不下流，如果我写出来是这样的一句：

他说的话正经而滑稽。

这样，一定会弄得看的人莫名其妙吧？既然正经，就不能滑稽；既然滑稽，就不能正经。大家总是这样想的，我若把这两个词放在一起，就不免犯了矛盾的毛病。其实我心里要说的，原也并不和所写的字面意思一样，不过我的意思，却只能用这两个词来表示，结果才闹了笑话。今天下午我把这个文句拿去给梁先生看，并且说明我的意思，梁先生笑着对我说：

“你的意思用这两个词来表示，果然很不妥当，我想还是改作这样好：‘他说的话很幽默’或者‘他说的话富有诙谐的风趣’。”

我快乐得跳了起来！因为梁先生的改法，和我心里的意思恰恰相合！

我恍然大悟，知道我之所以犯矛盾的毛病，是因为自己脑子里“词”的贮藏太贫乏。假如我早知道“幽默”或“诙谐的风趣”这些词，岂不就能自造好的文句吗？

仔细一想，不单是矛盾的文句如此，就是“隔膜”的文句，它的原因也在于脑子里“词”的贮藏太贫乏了呀！

我想要避免这两个毛病，唯一的方法是使自己的脑子里充实起来，平时在读书的时候尽量把词吸收进去，那么，到了写作文的时候就不至于吃苦了。

梁先生说：“我们说商人的肚子很大，是大腹便便，这句话正可以换一个字，变成‘大脑便便’，来形容作文写得好的人。因为他们大脑便便，所以造句用词不愁贫乏，有什么意思，写什么词，从脑子里拣出最适切的词来写。从前福楼拜对他的学生莫泊桑说：‘某种情景只有某个词是最适切的，你要拣最适切的词来造你的文句。’那么，假使是一个小头小脑的人，平时贮藏的词非常少，他哪里能够办得到呢？”

梁先生这几句话，真不错！我们要想作文写得好，非得先使自己“大脑便便”不可！

不过，我写到这里，又想起梁先生以前给我们吃的疳积糖。我们要想作文写得好，非得使自己“大脑便便”不可，这句话固然不错；但当我们在努力充实自己脑袋的时候，还应该把脑袋里吸收进去的词彻底理解明白。要不然岂非就患了疳积病啦！

读后作业

（1）尽量写出你所彻底明了的关于情感方面的词（如“快乐”“悲哀”等），再把这些词组织成为正确的文句。

（2）想想看，你有哪些思想、感情不能用你已知的词来表现的？

九 姐姐的恶作剧

——结尾语的用法比较

过了几天，又到了读写研究会开会的日子，这一次因为会员数目骤然增加，原来六年级教室的会场容纳不下，改在礼堂举行。

铃声响了，七八十个会员争先恐后地走到礼堂里去。

“听说这一次演讲的是你？”

“是呀，这是执行委员会决定的呢。我很担心，因为我的能力实在太小了。”

“不用谦虚，林文英，我知道你一定已有相当的准备。”

“准备是有的，可是只有一些。我还没有想出应该用哪几句适当的话来开端呢。”

林文英走进了会场，和刚才谈话的秦莲香坐在一起。这时候，林文英皱着眉，似乎在想什么心事。

会员都陆续进来了，主席在讲台上拭净了黑板，走下来找林文英。

“林文英，你讲的是什么题目，让我把你的题目先写到黑板上去，因为有许多人急着要知道呢。”

“我还没有想定——”林文英的态度似乎很犹豫，忽然，她的脸上露了笑容，“哦，有了！写作《姐姐的恶作剧》吧！”

主席已在黑板上写好了“林文英讲：姐姐的恶作剧”几个字，整个会场顿时静了下来。这当儿，梁先生恰好出现在会场的一隅。

主席宣布了演讲开始之后，林文英就上了台。

今天我的讲题是《姐姐的恶作剧》。前几天，我的旧鞋破了，就换上了一双新鞋子，哪里知道这双新鞋子做得太小了，穿在脚上，脚很痛。我的鞋子一向是姐姐做的。姐姐平常对于我的鞋子很会穿破这件事，本来就很不高兴，她常说：“像你这样的姑娘，只有鞋匠才娶得起！”［全体大笑］可见她对于我的两只脚是怎样地深恶痛绝了。这一次她故意做了一双很小的鞋子给我穿，不用说定是一种恶作剧。

想不到姐姐的恶作剧，却意外地给了我一个写作上的启发。当时我想，我穿了那双新鞋子，走起路来一拐一拐的，无非是那双新鞋子的大小和我的脚不合适。从这一点上，我不禁联想到，通常在情感激发的文句里，我们常用一类表示情感激发的词放在文句的后面，真像我们人穿鞋子一样，那文句也要穿鞋子的。比如说，“他做的鬼脸真可怕啊”，这句话的末后就加了一个“啊”字，这不是文句也穿了鞋子吗？

而且，文句的鞋子也不能随便乱穿，穿了不合适的鞋子，整个文句就会像我的大脚穿小鞋子那样，拐起来的。

林文英一面说，一面走到黑板旁边拿起粉笔写着：

（一）他做的鬼脸真可怕啊！

（二）爸爸在发怒了，你快去呀！去呀！

（三）原来是你，我起先还以为是他呢！

（四）大家都说是你干的，你还要赖吗！

（五）这么容易的事，不到一小时，早已做完哩！

（六）这样的事要这样做才好哪！

（七）草也绿啦！花也红啦！春天已经来啦！

林文英接着说：

像第一句，他做的鬼脸真可怕啊！我们若把“啊”字的鞋子换了，给穿上一个“吗”字，变成：他做的鬼脸真可怕吗？这还成什么话？又如第二句：爸爸在发怒了，你快去呀！去呀！把“呀”字换去，换入“哩”字，变成：爸爸在发怒了，你快去哩！去哩！这样的文句成什么话？［听众大笑。］

这种错穿鞋子的情况，固然是很不合适的；此外，不合适的程度比较差一些的，也有。然而不合适还是不合适。例如，第一句“啊”字换去，换入“呢”字，变成：他做的鬼脸真可怕呢！在单独的一个文句里，似乎看不出它的毛病，但在整段的文章里，这毛病就难以遮掩了。

林文英说到这里，拿起粉笔又写：

正是黄昏的时候，小英走到客厅，不提防他的哥哥正做着鬼脸等她来瞧。小英见了，大叫一声，没命地逃到房里去。妈妈问她：“你怎么这样大惊小怪的？”小英拍拍自己的胸脯说：“他做的鬼脸真可怕啊！”

林文英写完了又说：

这里的“啊”字，如果换成“呢”字，说话的人好像并不十分怕那个鬼脸，和整段的文章就不相称了。

我的话就说到这里，已经完了。不知道大家的意见如何？

说到这里，林文英向大家鞠了一躬，下了台。台下响起一阵掌声。

读后作业

用“呢”“呀”“吗”“啊”“哩”“哪”“啦”造文句，每一字造一句。

十 哼哈二将

——接头语的用法比较

礼堂里坐满了人，这里在举行第五次读写研究会。

这一次演讲的是秦莲香，她和钱文华、徐宽是同级生。大家的视线都聚集在她一个人身上，见她穿着一套淡蓝色的制服，头发上戴着一朵白绒花。她的脸蛋儿从天真里显出不苟且[①]的神气，态度也很温文。只听得她说：

诸位大概早已知道“哼哈二将”是谁吧？可是我，却还是最近才知道的。原来我的祖父于上月去世，最近我的父亲，因为祖母的催迫，到东门永明寺里去放焰口[②]拜忏[③]。父亲对于这件事本来不愿办，后来祖母恼了，父亲只得依了她。我呢，也幸亏祖母那一恼，才有缘到永明寺里去玩了一次。

哪里知道我一跨进永明寺的头山门，就被吓了一大跳，原来山门两旁，各站着一尊狰狞可怕的神像。那两尊神像非但形貌可怕，而且大得异乎寻常。我当时几乎吓得要喊

① 不苟且：此处是正经、不马虎的意思。

② 放焰口：对饿鬼施水施食的一种佛教仪式。焰口，指地狱里的饿鬼，体形枯瘦，咽细如针，口吐焰火。

③ 拜忏：忏悔的意思。

救命，幸得妈妈在身边，对我说："怕什么，他们是泥塑木雕的菩萨呀！"

妈妈这句话真有力量，她把那两尊神像的弱点一语道破，我也就毫不畏惧了。这时候我们已跑了许多路，就在"头山门"坐了下来休息。

我问妈妈："妈妈，这两尊神像怎么塑得这样吓人？"

妈妈说："他们一个叫'哼'，一个叫'哈'，是封神榜上的两个巨神。"

于是，妈妈就告诉我"哼哈二将"的故事。这个故事想来大家都已经知道，我也不再说了。

现在我要说的，是"哼哈二将"的名字。诸位想，他们的名字不是很奇特吗！"哼哈"这两个字本来表示谈话时两种不同的态度，"哼"字表示一个人气恼的态度，"哈"字表示一个人快乐的态度，却不料竟做了这两个巨神的名字！

上次读写研究会开会的时候，是林文英讲穿新鞋的事，她说文句是要穿鞋子的；我这一次想来讲"哼""哈"这一类的词，可说是文句戴帽子了。文句不穿鞋子，文句的本身仍能独立；同样有"哼""哈"这一类词的文句，如果除去它所戴的帽子，文句的本身也可以独立。不过戴上了帽子，文句的气势就格外加强了。跟我们人戴了帽子后神气更足，是一样的道理。

秦莲香说到这里，就在黑板上举了两个例子：

（一）哼！不给你一些苦吃，你怎会知道我的厉害！

（二）哈！想不到你喊我来是请我吃糖！

文句的帽子当然不止“哼”“哈”两顶，据我所知，还有以下各种各样的帽子。

秦莲香一面说，一面又在黑板上举了不少例子：

（三）哦！原来如此。

（四）喂！怎么啦？

（五）哎哟！痛死啦！

（六）哎呀！想不到你也来了！

（七）嘻！你看他跌了这么一跤！

（八）嗯！我的命实在太苦了！

此外，也许还有许多其他的帽子，可是我还不曾见到。这里，我们应该注意一件事，就是文句的帽子和文句的鞋子一样，不可随便乱戴。例如，把第二例的帽子“哈”戴到第八例上，变成了“哈！我的命实在太苦了！”这句话不是太滑稽了吗？

热烈的掌声把秦莲香拥下了讲台，同时又送上了梁先生。

“在上次林文英演讲之后，我本想把文句的帽子提出来和大家谈谈。当时我转念一想，既然已有人研究到文句要穿鞋子，那么文句要戴帽子，一定也会有人注意到。因此，我就把谈话的念头打消了。果然！今天秦莲香就谈到了这件事，真是令我高兴！

回想你们自组织读写研究会以来，到现在已有两个半月的时间。在这段时间里，你们对于文句和词的研究，的确有了惊人的进步。我认为，你们今后的研究已可以摆脱‘文句’和‘词’这两方面，另外再寻新的对象了。因为‘读书’和‘作文’这两件事的范围，并不止于‘文句’和‘词’。你们纵然对于‘文句’和‘词’有了深入的研究，若此外无一研究的心得，你们的读书能力和写作能力，仍不会有什么增加。这是我贡献给大家的意见，希望大家都能接受！”

读后作业

用“哼”“哈”“哦”“喂”“哎哟”“哎呀”“嘻”“嗯”造文句，每一词造一句。

十一

开端和结束

——文章的开端和结束之写法研究

时光真快，眨眼又是半个月过去了。读写研究会不觉已到了第六次集会的时间。

这一次，站在讲台上演讲的是徐宽，大家听他说道：

在上一次的读写研究会里，梁先生对我们说过，我们研究的对象再不要专门抓住了“文句”和“词”不放手，应该另辟研究的途径。前几天执行委员会决定推我来演讲，真使我急得要命。因为我非但新途径没有找到，就连大家已经研究得极有成绩的“文句”和“词”，在我这里也还茫然无头绪。我急得无法儿可想，只好写信到县立初级中学的哥哥处求救。幸亏我的哥哥昨天来了回信，告诉了我一个讲题，并且指示了几个研究的问题。昨天晚上，我费了半夜的功夫，总算把这个讲题里包含的问题一一解答出来。此刻我所讲的，就是昨晚预备的……

说到这里，他指着黑板上“开端和结束”这五个字。

诸位！我们知道一篇文章，必定有一个开端，并且也有一个结束的。这“开端”和“结束”两件事，实在很值得我们来研究一下。现在，且先来说“开端”。

常有人说，作文的开端是一件极困难的事，并且我还曾听说，有人因为作文开端困难，竟至于不敢动手写作。

作文的开端，果真是一件极困难的事吗？据我仔细思考的结果，以为这句话可以说是对的，也可以说是错的。怎么说是错的呢？因为无论哪个题目，若要“随随便便”地开端，是极容易的事。比如，题目是《桃花》，若随便开端，就可以写成……

徐宽一面说，一面在黑板上写：

（一）桃花是一种植物……

（二）桃花很好看……

（三）桃花是在春天里开的……

（四）我们校园里的桃花开了……

真是信手拈来，毫不费力。但是这一种开端和从前读书人的“桃花者，植物之一种也……”等一样是一种滥调，当然是不足取的。好的开端，绝不是这样随随便便的文句。

所以说“开端困难”这句话，如果不是指这一类的滥调，也就不能算是错的了。

本来，文章是思想和感情的表现，要做一篇文章，先要有思想或情感，才做得成。若别人胡乱出了一个题目，便要做出一篇好文章，实在比登天还难。想要有一个好的开端，当然也极困难。梁先生平时教我们作文的时候，总要我们自己出题，也许就是想解决这个困难。因为我们自己出的题，总比别人出的容易下笔。

但是自己出题，有时候开端也很不容易。因为上面说过，作文先要有思想或情感，假如我们的思想不集中于自己出的题上，或对自己出的题没有情感，那么虽然这个题是自己出的，也同别人出的一样。

思想和情感，每个人都有，但每个人在特定的时间内，未必都有集中的思想和值得发表的情感。这两样东西在我们的心里时生时灭，捉摸不定。因此，文章不能在特定的时间内做，梁先生要我们每星期交两篇作文，时间不限，也许就是要补救这个缺点。

总之，写作要随自己高兴。自己高兴写的时候，也就是思想集中、情感激发的时候。这时候拿起笔来，自然“思如潮涌”，“情不自禁”会写出好文章来。什么开端困难不困难，早已不成问题。等到写好一看，一个很好的开端已在不知不觉中被我们写出来了。反过来，如果心里不高兴，或者在心烦意乱的时候，要勉强写作文，犹如强迫一个笨汉学刺绣，无论如何是不讨好的。

现在我们暂且撇开“开端”不谈，接着来谈“结束”吧。关于一篇文章的“结束”，我不曾听到哪一位同学说有什么困难，好像这是一件极容易的事。诚然，在我们中国绝没有一个人不会结束他所做的任何事务的；即使有不能结束的时候，好在有一句口头禅，叫作“不了了之”，就是把事务中断，也可以当作一种结束。我们中国人只承认开端难，不承认结束难，差不多已成了普遍的见解，因此无论做什么事都是有始无终，就算是有始有终，这“终”也终得极勉强，极马虎，我们写作文也是如此。

这一点我们必须十分留心。好的文章，它的结束绝不是勉强的，也绝不是马虎的，请看下面的例子……

徐宽说着又提起粉笔来写：

（一）鸡告诉我们天地的觉醒，但它告诉的不一定是光明。鸡第一次开声是在夜里最黑暗的时候。鸡是在最黑暗的时候叫的，鸡是在最黑暗的时候叫的！

（二）我在半夜里醒来，窗外有虫叫着，低低地、颤动地叫着。仔细一听，原来就是每夜叫的那只虫。

我不知在什么时候哭了，低低地、颤动地哭了，忽而知道这哭的不是我，仍是那只虫。

请大家细细地玩味上面两例中结束的文句。它们结束得多么有力啊！

所以我以为大家不应该轻视结束，一篇文章结束得好，不但文章的本身十分完整，而且使人读了回味无穷，像上面的两个例子都是最好的结束法。

文章结束得好，它的好处还不止这一点。有时候文章的全部并不怎么出色，可是因为结束有力，全篇的文章都会被结束振作起来的，请看下面的例子……

徐宽说着又写：

我正坐在楼上读书，忽然一只蚊子来到我的脚下，被它一刺，吃了一惊，觉得很难忍，急去拍时，已经飞去了。过了一会儿，它仍旧飞近我的身边来，嗡嗡地叫。我静静地等它回到原处，低头看去，只见它伸直了脚，用口管刺进我的皮肤，两翼向上，好像在那里用着全副精神似的。我拍死了它。那手上黏湿了的血液，使我感到一种复仇的愉快。

上面这个例子，除去结束那句“那手上黏湿了的血液，使我感到一种复仇的愉快”，差不多全是沉闷的叙述。假使没有这句结束，这样的文章，就应该放到纸篓中去。但是这句结束实在有力，幸亏有这句结束，才将这篇文章挽救回来，不但挽救回来，并且因为结束得好，似乎这些沉闷的叙述也变成必要的了。

我记得，我以前所做的文章，结束常用“后来怎样怎样了”一类的文句，几乎成了一种公式。现在我觉得这一类的结束法，应该设法去避免，另外创造新的结束法。

所谓新的结束法，就是有“力”的结束法。至于怎样才算有“力”，这要看全篇的文章如何再来决定，只能由自己临时斟酌下笔，不能由旁人告诉。因为旁人若可以告诉，那么告诉的句法早已成了滥调，不堪应用了。

徐宽演讲完了，有一个身材矮小的会员跳到讲台上去，大家一看，原来是六年级的李若愚。只听他说：

“今天听了徐宽君的演讲，真使我又感激，又佩服，因为他所说的，正是我平时解决不了的难题。虽然他并没有具体而微地告诉我作文的开端该怎样写，结束该怎样写（因为这原没有一定的公式），但是他说出了解决这两个难题的途径。尤其是作文的开端，他指出发生困难的原因是对于题目没有思想或感情，这是很确切的。因为我过去常犯这样的毛病，当我在对题目胡思乱想，不得要领的时候，也就是对这篇文章的开端发生困难的时候。要解决这种困难，徐宽君以为作文要随自己‘高兴’，这句话也是经验之谈，因为自己高兴的时候，的确常是思想集中、感情激发的时候，虽然有时也有自己高兴要写作文而发生开端困难的事，但究竟是少有的。但我因此又产生了一个疑问，这疑问就是，既然写作文要随自己‘高兴’，为什么我们的老师有时总要强迫我们在特定的时间里（上课时）就规定了的题目作文呢？这样写作文，我想大家绝不会都‘高兴’的，不知道我们的老师究竟有什么用意呢？”

李若愚说完，大家都静默着不作声。这时候，梁先生走上了讲台。

“今天徐宽讲得很不错。讲的题材是新的，所发表的意见也很对，我没有批评。现在我想把李若愚提出的疑问，来对大家解释一下。强制写作文的办法，的确是不对的，但是做教师的有时总不免要采用这个办法，自然有它的理由。第一，各人随自己高兴而写的文章，因为题目不同，文体各异，要比较各人相互间的好坏，往往很不容易，于是不得不采用强制写作文的办法，使大家都写同样的题目。第二，随各人高兴去作文，往往每个人做惯了一种文体，不愿自动换别种文体来练习。结果有的人只会写游记，却不会记故事；有的人只会记故事，却不会写论文。如果教师不安排各种文体的题目强制你们逐个练习，你们的写作能力，就有各种文体不能平均发展的缺点。第三，教师出的题目，不见得都是束缚你们思想，压抑你们感情的；不仅如此，有时候反而能启发你们的思想，激起你们的感情。比如说，我从未见你们做过一篇《长衣与制服的比较》的论文，我就出了这个题目要你们做，就可使你们从这方面去思考；又如，我从没见你们做过一篇《母亲》的抒情文，我就出了这个题目强制你们做，就可使你们激起对于母亲的感情。从这些原因说起来，强制写作文实在也有它独特的优点，我们也不能凭一时的感情去抹杀它。不过强制写作文时，教师应该出多数人都可以做的题目，不要闹出像第一期《读写研究会会刊》上登着的学文和觉明对话中的笑话（见前）；有时候一个题目不够，还要多出几个题目，让你们有选择的机会。就拿《母亲》一题来说，虽然是大家都能够做的题目，但是也许有一个三四岁时就死了母亲的孩子，这样的题目对于他当然不会激起什么感情来，所以不得不出别的题目给他做。总而言之，强制写作文是教师的责任，并不是教师故意使你们为难，你们不要误会才好啊！”

读后作业

（1）从读过的文章里举出两三个开端很好的文句的例子。

（2）从读过的文章里举出两三个结束很好的文句的例子。

十二

梦和现实

——文章的题材

春，这个风和日丽、万紫千红的春，实在是一年中最美妙的季节。可是正因为它的美妙，在人类的感觉上，也似乎以它的消逝为最快。学文他们自组织了读写研究会之后，在课余的时候，就都埋头研究着“读”与“写”两件事，对于时序的推移、自然界的变动，竟忘得一干二净。

有一天，学文和觉明很早就来到学校。他们进了教室，一看墙壁上的钟还只指着七时零五分，别的同学一个也没有到。于是两个人放下书包，坐到靠窗的两个位置上，各自从书包里拿出读写研究报告表来，逐项填写着。

教室的窗外是一个大花坛，植在那里的一株桃树，正烂漫地开遍了所有的花朵。偶然一阵微风拂过，桃枝上的花瓣像红雨似的飘落到地上。

“哎呀，春深了！”觉明忽然惊叫起来，手里的笔骨碌碌地从书桌上滚到地上。

坐在觉明旁边的学文，被觉明的叫声吓了一跳。他定神向觉明的桌上看去，只见在觉明的一张读写研究报告表上，贴着一片桃花瓣。

“哈哈，原来……”

学文还没有说完，窗外又有两三片桃花瓣飘进来。

“怎么好？春天回头就快完了。学文，我想约我们读写研究会的全体会员去进行一次野餐，你以为怎样？”

“好的，我很赞成。这个时候去做野餐，实在是再好不过了。我们不但可以去春天的郊野游玩一次，还可以做几篇文章哩！”

三天以后，恰好是星期日，读写研究会全体会员就于那一天的上午，聚集在红叶镇的小山上举行野餐。在七八十个孩子的队里，还有一个身材特别高大的“大孩子”，那是梁先生。

春日的郊野，真是好玩！蔚蓝色的晴空下面，几朵白云轻得像在飞，山上的草地刚被太阳吸去了露珠，碧油油的，大家蹲坐在上面，感到一种痒痒的舒服。

他们起先是唱歌，唱完歌，接着是说笑话、谈天，随后是各人在草地上做“打虎跳”一类的游戏，末了就是吃各人带来的糖果糕饼。

野餐的节目快要完了，大家看看时候还很早，就一致要求梁先生讲故事。

梁先生把最后一块鸡蛋糕送进嘴里，向大家摆摆手，站起身来，大家立刻停止了喧哗，把各人的两道视线集中在梁先生一鼓一鼓的嘴上。

“今天大家已经讲了许多故事，我的故事还不及你们说得有趣，就不说了……”

大家的脸上露出失望的神色，只见梁先生又把嘴鼓了鼓，接下去说：

“我现在想要对你们说的，是读写方面的事，不知道你们要不要听？”

大家都拍手，有一部分人还从袋里掏出笔记簿来，预备记录。

那么，请大家再坐下来吧——上次在读写研究会上，李若愚曾提出作文为什么要由教师出题的问题，当时徐宽的演讲，也主张作文的题目不应该由教师出，应该由各人自己出。他们的主张都是很对的。可是，我因此记起从前在某小学教书的时候，那里的同学却恰好和你们相反。有一次上课的时候，我要他们自己出题做一篇文章，想不到把他们全体都难倒了。

“先生，题目还是请您出吧！”当时他们一致地说。

“为什么一定要我出呢？”

“因为我们自己不会想题目。”

他们这样的回答，你们当然是觉得很好笑的。但是，在你们这一群里，说不定也会有和他们一样的人。

梁先生的声音忽然严肃起来，把两道锐利的目光扫过草地上谛听[1]着的会员。

所以，这个问题我们还得仔细地加以研究——

题目是什么？它不是文章内容的一个总说明吗？比如说《春雨》这个题目，我们做起文章来，内容不外是写春天的雨。春天的雨谁都看到过，听到过，而且和它发生过许多关系，假使我要你们每个人说一些，你们每个人准会说出许多关于春雨的话来。这就是说，文章的内容你们各人都有。那么，大家既然都有文章的内容，为什么对于内容的总说明（题目）却想不到呢？俗话说，羊毛出在羊身上，题目是出在内容上的，有了羊就有了羊毛，同样地，有了内容也就有了题目。

有许多文章做得很好的人，他们并不先出题目，然后动笔，而是先动笔写文章，等到文章写完之后，才照文章的内容再加上题目。这样的事，在不会自己出题的人想来，

① 谛（dì）听：仔细地听。

不是很奇怪吗？其实，这是不值得奇怪的，比如我们画图，常是先拿起笔来在纸上随意地画，等到画成以后，看画得像什么，就给它题上一个什么名称。他们之所以能够先做文章，后出题目，也和画图的道理一样。

所以与其说题目不容易出，还不如说文章内容不能决定比较切实一些。因为在每个人的脑子里，文章的内容是很多的，但到了要做文章的时候，也许是因为它太多了的缘故，反而弄得手忙脚乱，不能决定写哪一方面。内容既不能决定，题目自然也就想不出来了。

“梁先生，你说我们的脑子里有许多文章的内容，这句话恐怕靠不住。”吃着花生米的钱文华，忽然插上了一句。

“靠不住？”梁先生吃惊地说，“那么，如果我出了一个《春雨》的题目，你不能做一篇文章吗？”

“不，我会做，如果你有题目给我，我就能照题目去做。”

“哈！既然如此，那不是我的话靠不住，是你自己的话靠不住了。原来你脑子里本有许多文章的内容，是你自己不知采择，才以为自己的脑子里缺乏文章的内容。不然，为什么别人出了题目，你能写，你写的是什么呀？”

梁先生接着对孩子们说：

所以，文章的内容大家都有，不过有的人不会采择而已。这是因为你们做惯了别人出题的文章，已经成了一种恶习。可是，大家应该知道，把采择文章内容的一步工作让给别人，和把自己的国土送给别人是一样的。请大家想一想：为什么自己的国土不会自己治理？为什么自己脑子里文章的内容自己不会采择？

在自己脑子里的文章内容，当然应该由自己采择，换句话说，作文的题目当然应该自己来出。

梁先生说到这里，从林文英的手中拿过一杯水，咕嘟一声喝干了，又接着说下去：

现在我要说一说大家脑子里的文章内容。在每个人的脑子里，文章的内容可以分成两部分，一部分是梦，一部分是现实。梦就是梦想，就是幻想，也就是不着边际、毫无根据的想象。比如说，自己希望背上生出两个翅膀，飞到月宫里去，这一类的念头在少年人的脑子里很多。还有一部分呢，性质完全相反，它是有根据的，靠得住的，都是自己亲自经历过的事件。这一类的念头在少年人脑子里虽然不多，但以后会随着年龄和知识的增进逐渐多起来的。

等你们长到像我一样大，脑子里的念头就是现实的多，梦想的少了。

文章的内容，不论是梦想的或现实的——都好。梦想只要梦想得有意义，虽然是虚幻的东西，也并不是毫无价值的。不过到底因为它虚幻，总不如现实的内容富有社会价值。

我说的现实，并不是专指社会上切实发生的事，假使社会上还没有发生过，而有发生的可能的，也是现实的内容。比如说，有两个人在一座没有栏杆的小桥上打架，结果打架的人常不免跌到桥下去，不一定要等我们目睹他们跌下去之后，才说这是现实。

太阳已经升得很高了，梁先生和孩子们的背上，都被晒得暖烘烘了。这时候放在草地上的一只徐宽带来的闹钟嘀铃铃地响了——原来已经到了野餐结束的时间。

读后作业

（1）试写一篇先写内容后加题目的文章。

（2）梦想的文章内容要怎样写才有意义？请仔细思索这个问题，做一篇短文来回答。

十三 饼干和文章

——文章的题目与内容的关系

“哎呀，你哪里来的这许多稿子？”秦莲香看见六年级的林文英抱了一大堆的稿子，走进她的教室里来，不觉怔住了问道。

“是《读写研究会会刊》的稿子。”

“这一期会刊的内容准比第一期丰富一倍！”跟在林文英背后的徐宽，也抱着一大堆的稿子走了进来。

“岂止一倍！十倍也说不定！”教室窗外又有一个人这么说。这个人也抱着一大堆稿子进来了，原来是朱觉明。

这时，窗外又传来了一阵急促的脚步声，随后又是两个人各抱着许多稿子走进五年级的教室，秦莲香惊呆了。

“觉明，你和学文拿来的稿子也请梁先生看过了吗？趁现在还是自修的时间，我们快些把所有的稿子整理好。”林文英兴奋地说。

“我们先把稿子分成落选的与入选的两部分。文华，你专管落选的稿子，我们把那些稿子都交给你吧。”学文说。

五个执行委员一阵敏捷的手法，在短时间内就把入选的与落选的稿子分了开来。钱文华又把落选的稿子用麻线捆在一起，预备等一会儿去发还投稿的会员。

“梁先生说，这一次入选的稿子，他已经逐一批上了发表的先后顺序。有谁找到第一篇的稿子没有？”学文向其余三个人问。

“我这里已经找到了第三篇，是你和觉明合作的《题材的选择和剪裁》。”钱文华说。

“第二篇在我这里，是林文英和秦莲香合作的，叫作《花朵和蚯蚓》。”徐宽说。

“第一篇在我这里！哎呀，是柳无忌做的，题目是《饼干和文章》。想不到无忌的文章竟进步得可以排在第一篇。在一个月之前，大家不是知道他的文章因为常常越出题目的范围，而受过梁先生一顿严厉的训斥吗？”林文英像是不胜感慨地说。

四个执行委员都立刻跑到林文英的身边来。大家以一种钦敬的神色去默读那篇《饼干和文章》的稿子：

饼干和文章

柳无忌

假使把一篇文章比喻为一箱饼干，那么文章的内容就等于箱子里饼干的性质，文章的题目就等于箱子表面的字，如“苏打饼干”“什锦饼干”之类。

在箱子表面写着“什锦饼干”的，箱子里的饼干不待我们去开箱验看，就可以断定它都是些什锦饼干。我们平时读到的文章也是如此。假使有一篇文章，它的题目是《游泰山记》，那么这篇文章的内容不待我们细看，就可以断定它是些关于游泰山的话。

箱子表面的“某某饼干”决定了箱子里面饼干的性质，文章题目决定了文章的内容。

万一箱子里面饼干的性质与箱子表面“某某饼干”不符，那当然是饼干制造厂里工人的错，使本来要买“某某饼干”的人得了不要买的货物，很不快乐。同样地，我们写了一篇文章，它的内容与题目不符，那当然是文章写作者的错，使别人读了引起与买饼干的人同样的不快乐。

说是不快乐，那还是客气的说法呢。不客气地说，是饼干工人欺骗了买饼干的人；文章的写作者欺骗了读者！

亲爱的读者——各位会员！你们在写作的时候，曾犯过那样的欺骗罪吗？我是一再犯过那样的罪来的，我在这里忏悔我自己。

记得有一次，爸爸从城里回家，他带来了许多玩具和许多好吃的东西。其中有一箱饼干，因为箱子表面漆画着美丽的彩图，很引起一家人的注意。祖母的老花眼看不清那只箱子是什么，就问：

“你们抢着瞧的是什么呀？”

“是一箱饼干！”大家异口同声地回答她。

“哦，饼干。无忌，那么你快开了这箱子，拿几片苏打饼干来给我吃。”

我听了祖母的吩咐，就兴冲冲地找来了一把剪刀，用刀尖挑开了箱盖。只见满箱子都是各式各样的小饼干，但竟找不出一块祖母所要的。

“祖母，箱子里都不是苏打饼干！”

我一面说，一面又仔细地查看箱子，果然在箱子的一面，发现了四个字“什锦饼干”。

过了几天，我写了一篇文章，题目是《游西湖记》，我在开始动笔的时候，因为以前被老师训斥过，说我的文章常越出题目的范围，因此那一次就格外小心，把题目意思紧紧地记在心里。

这样写着，起初我的笔尖确不曾越出题目的范围；可是写到后来，因为写得兴起，竟又把题目忘了，将当时游西湖以后顺道游绍兴东湖的事写了进去——写了长长的一段。

这篇文章的结果，依然和以前同样失败，这是不待说的事。当时老师在我文章后面又批了一句：“我不知你的脑筋是怎样生长的！”这句话却给予我一个很大的刺激。

是的，老师一再告诫，而我竟一再犯同样的毛病，难怪老师要批出这么挖苦的话来了。我的脑筋是怎样生长的呢？

事情真是凑巧，那一天我的作文簿，又被我的爸爸看到了。爸爸看了我历次所写的文章，就提醒我：

“喂，孩子！你的文章不是恰和前几天开饼干箱的事情成一个巧妙的对照吗？什锦饼干的箱子里，找不到苏打饼干，而在你《游西湖记》的文章里，却可以找到游东湖的记载，我倒很佩服你的糊涂！”

当天我受了老师和爸爸的两重刺激，觉得自己实在糊涂得不配做人。“羞愧”这两个字实在不足以描摹我当时的心境！

可是到了现在，我总算已从老师和爸爸的两重训斥下改正过来了。以后每写一篇文章，我总是时时刻刻提心吊胆地不让我的笔尖越出题目范围。等到全篇写完，我还要从头至尾地细看一遍，检点我的文章里有没有越出题目范围的地方。假使有，我就把它涂去。

到了最近，我的毛病已经完全医好了。起初是时时刻刻提心吊胆地写，还不免有旧病复发的地方，要等到复看全稿，才能发觉。可是最近，即使我不提心吊胆，也不会再犯以前的错误。原来我已经养成一种写作上的新能力了。

读后作业

（1）想想自己在写作的时候，有没有和过去的柳无忌同样的毛病？

（2）你有没有读到过“文不对题”的文章？如有，检出它的毛病所在。

（3）当你写完了一篇文章以后，有没有把全文复读一次的习惯？想想看，这种习惯有什么好处。

（4）想想，假使在写文章的时候，提心吊胆地注意自己的文章不要越出文题以外去，这件事对于写作本身有没有妨碍？

十四 花朵和蚯蚓

——文章的中心思想

“无忌的文章果然进步了不少！”学文第一个读完柳无忌的文章，忍不住喊了出来。

“可不是，尤其是前面几段，写得真精彩！我想假使给我的祖父看到了，一定会戴起老花镜，提起朱笔，一面摇头摆脑，一面密密地加上红圈呢！”

觉明说着，同时还装出他祖父读文章的态度，大家看了都笑了起来。

这时候，学文又走近徐宽的身边，去读林文英和秦莲香合作的文章。钱文华和朱觉明也跟了过去。

“我们做得不好，你们不要取笑！”林文英走过去说，秦莲香却害羞地跑了。

“不要来抢！”四个人一面读着她们的文章，一面拒绝林文英跑近，恐怕她来抢夺。

花朵和蚓蚯

林文英　秦莲香

通常，一篇文章的题目，往往就是这篇文章表达的中心思想。比如，就《参加本学期第一次读写研究会记》的题目来说，我们在握笔写作的时候，就以这个题目的意义作为中心。文章做成以后，当别人拿起我们的文章来看时，只要先看了题目，也就立刻明白这篇文章的中心思想在哪里，如果我们在文章里所说的内容并不是参加这次集会的事，就犯了“文不对题”的毛病。那样的文章当然是不称其为文章的。

要明白一篇文章的中心思想是多么重要，最好用花来做比喻。花是有花心的，雄蕊和雌蕊都生在花心里，所以花的生命完全寄托在花心上面。但是一朵花当然不只是一颗花心，在花心外面，还有密密层层的花瓣。这些花瓣的功用，一半是保护花心，一半是烘托这朵花，使它能显出美丽的姿态。文章也是如此：中心思想好比花心，没有中心思想也就失却[①]了文章的生命。

① 失却：失去。

文章有没有花瓣呢？当然也有。如果只是一个中心思想，就可以成为一篇文章，那么，每篇文章就只要一个题目就够了。虽然文章的题目就是全篇文章的中心思想，但单有一个中心思想，是不能算作一篇文章的，还要许多花瓣似的文句把中心思想烘托出来，才能算作一篇文章。

文章既然像一朵花，中心思想是花心，许多文句是花瓣，那么，文章的一节一段，又是花的什么呢？

一节一段，原来也是文句，所以也可以说是花瓣，不过我们应该注意，文章本来是整个的一篇，在一篇之中是无所谓节或段的。后来因为整篇文章不便一口气读下来，而且在一个中心思想之中，还可以分成许多小中心思想，于是就照小中心思想来分了段。例如，我们读过的《语文教科书》第二课，题目是《春风的使命》，这也就是这篇课文（即文章）的中心思想。但在“春风的使命”这个中心思想之中，还可以分作：对于花的使命，对于草的使命，对于蜜蜂的使命，对于蝴蝶的使命和对于游人的使命。以这五个小中心思想作为中心，又把全文分成五节或五段。我们若把这篇课文画成示意图来表示，就是如此：

- 春风的使命
  - 对于花的使命
  - 对于草的使命
  - 对于蜜蜂的使命
  - 对于蝴蝶的使命
  - 对于游人的使命

其实这篇文章，还可以这样来分段：

- 春风的使命
  - 对于植物（包括花草）的使命
  - 对于小动物（包括蜜蜂和蝴蝶）的使命
  - 对于游人的使命

我们看了这个示意图，就可以明白：这篇文章的整个中心思想是“春风的使命”，在这个中心思想中，又分为春风对于植物、小动物、游人的使命三个小中心思想，各有一段文章来描写（这篇课文原有五段，也可归纳成三段，就是把花草归纳成一段，蜜蜂和蝴蝶归纳成一段，游人另成一段），把三段文章组合起来，就成了整个的一篇。我们在读书的时候要有这种解剖文章的眼光，在自己作文的时候也要有这种组合文章的能力。

而且我们更要知道，因为文章的每一节包含着一个小中心思想，所以每节也都是有生命的。打个比方，文章就好比蚯蚓，若把蚯蚓一段一段割断，它每一段都有生命，不会死，合起来却又成了一条大蚯蚓。文章的一段或一节，也是这样的。

读后作业

任选一篇读过的文章，加以解剖。说明它的中心思想和小中心思想是什么。

十五 题材的选择和剪裁

“现在，索性让我们把第三篇文章也读了吧！”徐宽说着，跑到钱文华的身边去。

这时候林文英也跟了过去，而窗外的秦莲香也已经改变了害羞的态度，笑着跑进来了。

“我们虽然是共做的，可是文章却并不好。”学文说。

“不用客气！这是梁先生故意把你们的大作挤到后面去的。”林文英像老于世故的样子。

“不用客气！我的文章还在你们的末后呢！”钱文华也说。“不用客气！我的文章连录取与否还在‘不可知之数啊’！”徐宽也跟了一句。于是大家又展开了《题材的选择和剪裁》：

题材的选择和剪裁

周学文　朱觉明

文章的题材，不外梦和现实二者，这是梁先生以前在野餐时告诉我们的。但是这两种题材，不见得都是文章的好题材。就梦来说，有的梦很有意思，有的却是莫名其妙的。比如，你在有一次的梦里，起先是在旷野中追一只恶狗，追到后，前面是一条大河，恶狗跳下河去，泅水[①]逃了。你一时性急，也跳下河去追，却忘了自己是不会泅水的，心里一急，身子已扑在河里。于是你就大哭起来，同时，梦也就醒了。这样的梦，是我们常常要做的，但并不是文章的好题材。为什么？因为梦的经过是无意义的，把无意义的梦写在纸上，等于胡说八道地写了一篇梦呓。

梦是如此，现实也是这样。许多现实的题材，也都是无意义的，把它写了出来，徒然白费心力，白费纸笔。

那么，哪样的题材才算有意义的呢？这是随个人鉴别能力的强弱而决定的。能力强的人，鉴别的标准就高；能力弱的人，鉴别的标准就低。一个鉴别能力低的人以为很好的题材，在鉴别能力高的人看来，也许以为并不算好。

若希望拥有较强的鉴别能力，最有效的办法是多读书。多读了书上的好文章，鉴别能力自然会强起来。这好比是看惯了真钞票的商人，一沓钞票中的一张假钞票总逃不过他犀利的目光。但是这种鉴别能力当然不能在一朝一夕中养成，我们要慢慢来，不用着急。

这样说来，我们现在在提笔作文以前，对于题材的抉

① 泅水：也叫泅渡，是游水、游泳的意思。

择，不是依然莫知所从[①]吗？现在有一个消极的方法，可以用来判别题材的好坏而把坏的丢弃。原来在许多题材之中好的也有，坏的也有，只要丢弃了不好的，剩下来自然是好的。

大概说来，不好的题材有下列两种：

出于想象以外的题材——例如，溪水倒流上山。

平凡的题材——例如，看叫花子吃冷饭。

这两种题材都不宜采取。也许有人要问："那么，像梦里自己生了翅膀飞上天，是不是好题材呢？"我们的回答是："是好题材。"因为这样的事，虽然事实上不可能，但它的想象是以事实做根据的。因为在事实上，蜜蜂生了翅膀会飞，小鸟生了翅膀也会飞，蜻蜓生了翅膀也会飞，那么，人若长了翅膀，当然也有飞的可能。但如果人身上不生翅膀就希望会飞，这就失却了事实的根据，变成了像溪水倒流上山一样，是出乎想象以外的了。

至于平凡的题材，换句话说，就是没有意义的题材的一种。例如，上面说过的追恶狗的梦，也是平凡的题材，

① 莫知所从：不知该怎样去做。

和看叫花子吃冷饭一样。但是聪明的人有时也能运用他的智慧，把平凡的题材改变过来，使其成为不平凡的题材。比如就“看叫花子吃冷饭”来说，这件事本身虽然平凡，但是写作的人，若能运用自己的智慧，把这件事和有钱人家的人吃大菜写在一起，做一个鲜明的对照，就把平凡的题材变成不平凡的题材了。比如，他先写某处桥上一个叫花子饿得怎样可怜，怎样把一碗冷饭分成对半，怎样把一半吃得津津有味，眉开眼笑，怎样把剩下的一半用破布包起来，揣在怀里，当作宝贝一样。接着说桥堍[①]的富人家怎样兴高采烈，怎样喝大盅的酒，怎样吃大块的肉、大条的鱼、雪白的香喷喷的饭；又说一个酒足饭饱的大肚皮富人，怎样把吃进去的又呕吐了出来，狼藉了一地……这样的对照，不是很有意义吗？不是很不平凡吗？

如果他再聪明一些，把那个叫花子用笔尖一钩，使他走下桥来，站在那个富人家的门前，让他看了呕吐出来的饭菜叹息，使他向富人恳求一些残羹冷炙，使这个呕吐的富人发怒，大骂“滚出去！”……这样的写法不是更有意义吗？不是更不平凡吗？从前有人作了一首诗，说：“昨日入城市，归来泪满巾。遍身罗绮者，不是养蚕人。”他也

① 堍（tù）：桥两头靠近平地的地方。

一样用的是对照的写法。

总之，在选择文章题材的时候，若能注意避免出于想象以外的题材和平凡的题材，剩下来的也就差不多是好的题材了。

有了好的题材之后，还不能提起笔来马上就写，正像一方块的布，不能就照方块的样子缝成衣服一样。在写作之前需要像裁衣那样，把题材加上一番剪裁的功夫。不经过这一番功夫呢，原也可以，不过写出来的绝不会是好文章，试看下面的例子：

妈妈的归来

今天上午，妈妈到亲戚家去。她在动身之前，回复了一封朋友的信，叫我去寄。妈妈走了之后，我很寂寞，弟弟也吵着寻妈妈，哄他他不管，骗他他不信，真把我烦恼死了……

上面这一节文章，也许所写的都是实情，但其中妈妈写回信给朋友的事，大可省略；如果不把它省略就会显出文章的松弛，不能成为一篇好文章。要避免这个毛病，就全靠事前的剪裁。

那么，题材要怎样剪裁呢？在初次做这件事的时候，最好先把整个的题材先列成几个简单而扼要的项目。例如《看马戏记》，题材的项目有下列几点：

（一）校门外空场上来了一个马戏班，在场上扎起几个篷帐。

（二）马戏班里的人把出演的节目准备起来。

（三）马戏班里的人敲锣，使许多看客闻声跑来，在篷帐外买票进去看马戏。

（四）看客有小学生、女人、不做事的大人。

（五）有一个人在买票时和马戏班里的人起了冲突，竟至于相打。

（六）马戏开场演了许多节目，每个节目都演得很好。

（七）有一个演马戏的小孩子在表演时不留神跌坏了腿。

（八）节目演完，看马戏的人都走散了。

（九）马戏班里的人收拾一切。

（十）马戏班里的人那天晚上宿在一个庙里。

列好了像上面那样的项目之后，接着应该仔细审查，哪几个项目可以丢弃不写。审查的结果是，因为第（二）（五）（九）（十）等都不重要，就把它一一省去。剪裁的工作就完了。

这时候，就可以握起笔来，照剩下的几个项目去写。

对于题材的剪裁，固然不一定要在动笔写作文之前，即使是已经写成了的一篇文章，如果自己写了不满意，要把它再加剪裁一下也未尝不可，这就是所谓的“删改”。不过与其在写成全文之后删改，不如在未写之前先剪裁文章的题材更为省力。因为某一节既然应该丢弃，那么，动手时就不去写它，不是比写了再删除要省不少心力吗？

其实“剪裁”这一步功夫，对于写惯文章的人，绝不会像我们上面所说的那样先列了项目再做的。他们有了题材，就动手写，在写的时候，一面就想某项目应丢弃，一面也就丢弃不写了。

所谓剪裁，当然不只是把应该丢弃的项目丢弃了就算，此外对于应该留存的项目的写法，也要注意。例如某项目应该详细地写，某项目只要说个大概等。假使我们还能做到这一步，那么，写出来的文章就不需要多大修改了。

读后作业

（1）想想：题材不经过一番剪裁，写出来的文章有什么缺点？

（2）想想：梦想的题材为什么也可写成文章？

（3）照上面所说的题材剪裁法，自己做一篇文章。

（4）想想：徐宽所举的例子，是怎样的一种题材？

十六

从『嬉笑怒骂皆成文章』说起

——抒情文的写法

读写研究会的会员们，自野餐之后，接着又做了两件事：一件是出版第二期的会刊；还有一件是举行读书比赛。

比赛的办法是这样的：在规定的一星期里，谁向图书馆借阅图书最多（已经借阅过的当然不许再借），而且借阅后都填了报告表，可以任人指问读过的书的内容，谁就得胜。

比赛的结果出乎一般人的意料：第一名是六年级的李月娥，得到赵校长所赠的照相机一台，大家都很惊奇，而且都很羡慕；第二名是周学文，得到梁先生所赠的自来水笔一支，他也觉得很高兴；第三名有两个，是朱觉明和钱文华，他们合得的奖品是五年级主任胡先生所赠的一套乒乓球，他们也真开心！

李月娥得了第一名，引起大家注意的，照相机倒在其次，主要还是她最近读书能力的突进。因为她以前在读写研究会里，是一向不被人注意的，无论读书或写作，都不见得有出色的地方，这次她竟一鸣惊人，得了第一，难怪大家都觉得稀奇了。

明媚的春光逝去了，跟着来的是软绵绵、暖洋洋的初夏。读写研究会的第七次例会，会期又逼近了。几个执行委员就议决这次大会请李月娥登台演讲。

李月娥今年十三岁，身材矮小，是一个非常活泼的女孩。到了开会的那一天，她向大家演讲道：

今天我讲的题目是：《从“嬉笑怒骂皆成文章”说起》。不过在从这句话说起以前，我还有一点意思要向大家声明：文章有各种性质，有的是说理的，有的是叙事的，有的是说明某个物件的，有的是抒发感情的，这些大家想必多已知道。我们平常所写的文章，以末一种为最多，这也许是因为我们少年人最富于感情。现在我要说的，也就是这种文章的写作方法。

初夏的风吹拂着李月娥额前的发丝，发丝微微地在飘动。李月娥用手指把那些吹乱了的发丝捋了一下，接着说下去：

俗语说，“嬉笑怒骂皆成文章”，其实这一类的文章，并不仅是“嬉笑”和“怒骂”两项。除了这两项，凡是从内心发出来的各种感情都可以写成文章，而且都属于这一类文章的。

人类的感情很是复杂，什么“喜怒哀乐”及像上面说过的“嬉笑怒骂”等，不过只说了一部分罢了。但是，这些感情虽然复杂得很，只要我们能把它真实地写出来，除了呆子，无论谁看了都会感动，绝没有一个人看了我们的文章，说是“咦，奇怪！这篇文章里说的那种感情，我从来不曾有”的。要不然，就是我们的文章“不近人情”。

比如说，有一个人看见他妈妈哭了，自己也莫名其妙地哭起来，这在少年人是常有的事，但是他究竟为什么哭，连他自己也不知道。假使有人去问他，他也只能这样回答：“因为妈妈哭了，我不知怎么一阵难过，因此忍不住也哭了。”

可见那个人的哭虽然没来由，却并不矫揉造作。像这一类的事情，如果能把它真实地写出来，就能感动读者，就是一篇好文章。因为当读者读到那篇文章的时候，他的记忆被文章唤醒了，记起他自己以前也曾莫名其妙地跟着妈妈哭，于是那篇文章引起了读者的共鸣，他忍不住点起头来，或甚至拍案叫起好来。

反之，假使另外有一篇文章，说是一个孩子看见他妈妈哭了，就拍手大笑，这就“不近人情”了。因为这样的事，是走遍世界也找不到的，而写作的人竟这样写了，当然得不到读者的共鸣。

不过在写这类文章的时候，仅仅注意到题材的内容要"合乎人情"，还不一定能够产生好文章。除此以外，对于这一类的题材，更需要真实地去描写。

所谓真实地去描写，就是要让这种感情真实地从笔尖下流露出来，既不要掩饰，也不要浮面地写个大概。现在我有两个例子背给大家听，请大家仔细地比较比较：

（一）阿秀看见弟弟跌倒了，就慌忙奔过去扶，这时候，恰好妈妈衔了香烟走出房来，看了那种情景，就一口咬定弟弟是阿秀推倒的，把阿秀狠狠地打了一顿。阿秀伤心极了。想起自爸爸娶了后母以来，自己差不多每天遭后母虐待，就哭了很长时间。

（二）阿秀看见弟弟跌倒了，就慌忙奔过去扶。这时候，恰好妈妈衔了香烟出来，看了那种情景，就一口咬定弟弟是阿秀推倒的，把阿秀狠狠地打了一顿。

阿秀真伤心极了，独个儿躲在房里呆呆地想。她想自爸爸娶了后母以来，她就差不多每天遭后母的虐待，吃不饱，穿不暖，那倒还在其次哩，最难对付的是后母所生的弟弟。弟弟性格倔强，刚会摇摇摆摆地学步，就不许别人去扶着走，等到腿儿一软，跌倒了，却又放声大哭，惊动了妈妈。昨天她因为没有去扶，被妈妈打了一顿，饿了一餐饭，说是不该欺她亲生的儿子，任他倒在地上；今天去扶了，又说弟弟是她推倒的，又遭了一顿打。不扶既不是，扶了也不是，这不是活活地要折磨死人吗？……想起她亲生妈妈在世的时候，她也曾被当作宝贝那样疼，谁知到了如今，竟连一个陌生的路人也不如！假使亲生妈妈还在人世，见了女儿那样受苦，不知将怎样地心痛……

阿秀越想越悲伤，实在忍不住要哭了，可是她并不放声哭出来，因为怕后母听到了，又要遭打，便只能幽幽啜泣，可是内心充满了愤恨。

这两个例子，前者的描写不及后者的详细，因此，读者在读后所得的印象，前者也不及后者深刻。所谓“真实的描写”，虽然不一定需要冗长的叙述，但是，有许多必不可省的地方。如第二例中描写阿秀思前想后的一节，以及阿秀抽抽咽咽地哭的情景，作者也不可吝啬他的精神，仅仅写个大概或竟略去不写。不然，要想用文章去感动人，是万万办不到的。

诸位大概都听到过“说书”吧。说书的人，为要感动在座的听众，在说到书中角色感情激发的时候，就会花费许多时间，用他的一张嘴，把当时书中角色身处的情景描摹得极其细腻委婉，淋漓尽致，使在座的听众听了，不但不嫌他说得太长，反而觉得书中角色似乎就在他们的面前，听得津津有味。说书的人之所以能得到听众的赞美，就全靠他那张嘴能“真实地描写”啊！

试举最简单的“哭”与“笑”两个字来做例子。假使说，“他哭”，人家看了，就只得了一个“他哭”的印象，这样的印象不用说是很肤浅的；假使说，“他两肩抽动着哭”，读去就仿佛看见一个人在两肩抽动着哭，所得的印象当然深刻了不少。同样地，如果只说“他笑”，读者所得的印象当然也很肤浅；但如果说“他笑得合不拢嘴”，读者所得的印象当然也比“他笑”深刻得多。原来像“哭”与“笑”一类的单字，在平时看惯了的读者，早不会使他有什么感动；假使作者要使他感动，非有更深刻的描写，是绝不能成功的。

说到这里，我不禁回忆起开学时梁先生对我们说的那个“宽紧带”的故事，那个故事虽然说的是关于长句的读法和写法，但也牵涉到我上面所说的话题。请大家也来把那个故事回忆一下，并且和我上面所说的对照一下，看是如何？

读后作业

（1）试补充李月娥末段的演讲，说明长句和真实描写的关系。

（2）真实的描写，是否必须用长句和长文？发表你的意见。

（3）用李月娥演讲的方法写一篇抒情文（抒发感情的文章）。

十七 茶拨翻了

——叙事文的写法

第七次读写研究会以后，许多会员因为想起上次的读书比赛很有趣，就向几个执行委员要求再举行一次。执行委员接受了大家的要求，就召集所有执行委员讨论这件事。讨论的结果，都以为与其再举行一次读书比赛，还不如举行一次写作比赛。因此，他们就这样议决了。

这么一来，几个执行委员可就忙啦：有的写布告，把议决的案子告诉大家；有的向教师们征求奖品；有的计划这次比赛应该用哪种方式举行。

大家看了布告，不待说都很高兴。每个会员都向负责人报了名，准备参加比赛。

这一次征求到的奖品，也比上一次多了不少。有赵校长的矿石无线电收音机一台和《新少年丛书》一部；梁先生的国光牌口琴一只和表一块；胡先生的水彩书颜料一匣；曾先生的活动铅笔一支；吕先生的运动鞋一双。因为征得的奖品比上一次多了不少，因此录取的名额也增加到五名。这么一来，大家就更兴奋了。

比赛举行以后的第三天，在五、六年级教室附近的布告板上，湿漉漉地贴着一大张纸，上面写着红笔加圈的黑字，许多读写研究会的会员都围在那里瞧。只见上面写着：

读写研究会写作比赛揭晓

第一名　周学文（得收音机一台、颜料一匣）

第二名　林文英（得《新少年丛书》一部、活动铅笔一支）

第三名　朱觉明（得表一块）

第四名　谢安石（得口琴一只）

第五名　张定国（得运动鞋一双）

大家想不到从这次写作比赛中，竟又发现了两位新人才，都非常高兴。尤其是几个执行委员，正苦恼着以后每半月一次的例会没人演讲，现在有了这两位新人才，当然也不愁没有人了。

时光不容情地过去，不久就到了读写研究会第八次集会的日期。

那一天集会，演讲的是谢安石。他是五年级生，身材颇长，面部黑而带红，是一个酷好运动的孩子。他上身穿的是一件白色翻领衬衫，下面一条黄色短裤，看上去很是英武。他说：

诸位会员：我今天要说的题目是《茶拨翻了》，大家是不是以为很古怪呢？把茶拨翻，是常见的事，并且这样的事似乎跟“读写”也没有什么关系。现在请大家不要心急，听我慢慢道来。

上一次李月娥在她的演讲里，说文章有各种性质，其中有一种文章是叙事的。现在我要说的，也就是这种叙事文的写法。

叙事文是记述一件事情的经过的文章。大凡一件事情，从开始到终结，都可用文字记述出来。比如写一篇《第八次读写研究会记》，把今天集会的经过，从头至尾地记述出来，就是一篇叙事文。

这样的文章，粗粗一想，似乎极容易写，因为文章的题材是现成的，只要对那件事是亲自经历过的人，无论张三、李四都能写，比不得需要作者自己构思的文章，非先经过一番题材的安排，不能动笔。

不过在实际中，这件事却并不像我们想象的那么简单。叙事文的题材虽然是现成的，但要写成一篇良好的叙事文，却还有两件难事。

第一件，就是要把现成的题材加以一番剪裁。这件事在最近出版的会刊里，已经有学文和觉明共做的一篇文章，说得很详细，我们现在姑且丢开不谈。

第二件是什么呢？就是叙述上的困难。原来一件事情发生经过的本身往往是很芜杂[1]的；作者把这些芜杂的题材加以剪裁之后，一方面固然去芜存精，是有利于文章的；另一方面却因为这些去芜存精的题材，已经被剪裁成一片一段，不再是一个贯串的事实了。因此，作者就不得不像一个缝衣匠，需设法把这些一片一段的事实用笔尖贯串起来，使读者得到了那篇文章，像得到一件精美的衣服，不是一件七拼八凑不堪穿着的破袄。这件事，可并不是容易的事呢！

有一次我的舅母带了三个表姊妹到我家来玩；两个表妹很是顽皮，一见我的妈妈端茶出来，就毛手毛脚地去接。不想茶是开水冲的，非常热，把两个表妹的手烫起了水泡。其中有一个表妹因为忍不住烫，一失手，就把满盅的茶拨翻了。

恰巧我家的那张桌子又不争气，两脚高，两脚低，桌面是斜的。拨翻的茶滴到桌上，就像一块鹅卵石从山坡上

① 芜（wú）杂：杂乱，没有条理。

滚下来一样，急速地往低的一面流去。这时候我的祖母正坐在低的那一面，身子靠着桌边，在和舅母谈天，并没有注意到桌上的水立刻就要流到她的身上了。

这时候，拨翻茶的表妹眼见水要流到祖母身上去，吓得手足无措，脸色铁青！我在旁边，看到了这么千钧一发的情形，也很替表妹着急。桌上既没有揩布[①]，又没有可以当作堤坝[②]的东西，眼见那条水非流到祖母身上不可。心里一急，忽然被我急出了一个办法——我慌忙伸出我的手去拦截。

谁知那股水流，却故意要和我为难似的，在我的手边绕了个弯，又对准祖母流去。

我的方法当然是失败了，同时不自觉地红了脸。暗想本来是要在表妹面前献献殷勤，表现一下自己的聪明，谁知反而出了丑。

这当儿，水流和祖母只隔半寸距离了！在座的表姊，这时也已发觉了我们着急的情形，慌忙走了过来，一看到桌上的水，就马上用她右手的食指，蘸着那股水流，引往另一个方向。那水流也真奇怪，到了表姊手里，竟像玩魔

---

① 揩（kāi）布：抹（mā）布。

② 堤坝（dībà）：泛指防水拦水的建筑物和构筑物。

术一样。表姊的手指在桌上一曲一折，水流也跟着她的手指一曲一折，终于，把它引到别的地方。

差不多将要哭出来的表妹，这时已经转哭为笑。我呢，觉得表姊的聪明真是令人拜服！

表姊妹和舅母告辞了之后，我还是独自站在那张桌子旁边，呆呆地想着刚才那幕喜剧。想着，想着，偶然又从表姊用手指引水的方法想到写作。

我当时想，写叙事文时，与表姊用手指引水的情景，确实有些相似。不是吗？当我们读到一篇良好的叙事文时，看它曲折写来，一气贯串，真像表姊手指下的水流。可是一篇不好的叙事文，就并不是如此。它不能把经过剪裁的事实一气贯串，而是这边写一段，那边写一段，使人读了，不免起支离破碎之感。

说到这里，我们需要举几个实例来比较。但因为这种实例不能只引一节一段，必须把文章的全文录下来，才能比较，所以在这儿临时举例起来是很不方便的。因此，我已请执行委员会另外油印了讲义，分发给诸位。

这时候，听众早已从几个执行委员的手里得到了讲义。大家把讲义展了开来，只见上面写着：

参加儿童节纪念会

时光如箭，去年的儿童节仿佛还在昨日，转瞬又到了今年的儿童节。

（那一天），天空刚有一线曙光，我就起了床，把早上应做的事都做完了。等到八点钟左右，赶忙跑到公共体育场去。

（这时候），一路上前往公共体育场上的人很多，我混在人潮中，觉得自己像一群游鱼中的小鱼。（不久），到了公共体育场，只见大门上扎着一个花匾，上面写着：“儿童节纪念会”。

我（就）跟着一批一批的人朝会场里塞，到一个看台的最上层，展眼一望，哈！人数有数千数万！

（一会儿），音乐声响了，开会了，主席站在场中讲台上，开始演讲。但是我连一句也没有听到，因为我的耳朵，那时候已被全场的嘈杂声、喊叫声蒙住了。（不久）各种游艺节目上演，一幕一幕，如电影般的过去，（终于）闭会了。在路上，每个人的小手中，都拿着一袋糖果和几本《我的画报》！

谢安石接下去说：

诸位！那篇文章是我从一本杂志里选来的，它的好坏，我们现在无暇做批评。此刻我们要研究的，就是那篇文章里各处加括号的地方。我们试看，假使把那篇文章里有括号的部分都去掉，是否就觉得全文有断断续续、支离破碎之感？前后各句各段，都各自独立，没有互相呼应。但如果把括号里的部分都加了进去，我们读后的感觉便不同了。全文“一气呵成”，前后各句各段，都有呼应。换句话说，全文像从几个无机的零件组成了一个有机体。这是什么缘故呢？缘故当然是在括号里的文字上。

这几处括号里的文字，本是我们常见的，在粗心的人看来，似乎并不值得注意。现在我们既明白了它的作用，它的重要当然也会被同时承认下来的。其中尤其如“不久”“一会儿”等，它们对于前后文章的呼应联络有显著的作用。不但是呼应联络而已，而且有了它们，前后文章之间的闲文[①]，也就省略得毫无痕迹，使全文看起来“天衣无缝”，非常完美。

---

① 闲文：就是题材剪裁后被淘汰的部分。

不过我们在这里应该留意一件事，就是像“一会儿”“不久”等的文字在文章里不宜用得太多，而且在用的时候要有变化，不要老是“一会儿”“一会儿”，也不要老是“不久”“不久”。如果犯了后者的毛病，就变成以前周学文说的“三个求婚的少年”了；如果犯了前者的毛病，则一篇文章都可以“不久”了之。例如那篇《参加儿童节纪念会》就可以写成：

儿童节那天我去参加儿童节纪念会，到了会场里，听演讲，看表演游戏，“不久”就散会了。

这样一来，岂不是根本不用写文章了吗？

大家听了谢安石末了的结束说得很滑稽，忍不住哄堂大笑。

读后作业

（1）叙事文应该怎么去写？（把谢安石上部分演讲的大意做一简单叙述。）

（2）列举像“不久”“一会儿”等性质相同的词，比较它们的用法。

十八 上下左右东西南北

——说明文的写法

天气一天比一天热了，好动的启智小学的孩子们，早已耐不住夹衣的束缚，换上了轻薄的单衫。这就是说，孩子们更活泼了！

两星期的时光又在孩子们不知不觉中溜了去，读写研究会的第九次集会的通告，又像以前各次通告那样，唤起了每个会员的兴奋之情。

这次演讲的人早经执行委员会约定，是上一次获得写作比赛第五名的六年级生张定国。

“听说这一次张定国演讲的题目是：《上下左右东西南北》。真是一个有趣的题目！”

“你猜这个题目是什么意思？”

“我不知道。你呢？”

“我也不知道。这个题目真奇怪呀！”

会场里有两个人这么对话着。

过了一会儿，会员全都到齐了。主席走上台去，照例说了几句对听众的应酬话，向听众介绍了演讲人，就请张定国上去演讲。

“刚才我在会场里，听到两位会员谈及我今天的讲题，说是很有趣，也很奇怪。恐怕大家此刻都有着同样的感觉，且让我先解说一下题目。”张定国说到这里，暂时顿了顿，同时把两道锐利的目光向整个会场横扫了一下。

“好厉害！”全会场会员的心里都这样想，立刻正襟危坐起来，像听赵校长的训话时一样。

大家在张定国炯炯[①]的两目之下，屏住了声息，静待演讲的“下文”。

张定国向大家指着黑板上写着的题目说：

这八个字，都是说明事物的位置和方向的，每个字的意义，极明白、极简单，用不着我来说明。

那么，为什么我要用这八个字来做题目呢？原来这八个字，足可以代表我今天所说的那种文章的特质。这种文章，与上次谢安石君所说的叙事文很相像，但实际上，两者绝对不同。叙事文叙述的是某件事情，我现在说的那种文章，它叙述的是某种物件。叙事文说的是某件事情的经过，而它说的是某种物件的存在状况；前者是动的叙述，后者却是静的叙述。关于后者，就是我现在所说的那种文

① 炯炯（jiǒngjiǒng）：形容明亮（多用于目光）。

章，姑且将其定名为说明文。

说明文说明的“物件”范围很大：一块轻巧的手表，固然是一个对象；但一个庞大的星球，当我们要用笔把它写出来的时候，也可以当作一个物件来看待。大概在空间上占有位置的，不论它的大小，都可说是物件。因此我们又可以知道，说明文是有空间性的；反之，叙事文却是有时间性的。

上一次谢安石君的演讲，说到在写叙事文的时候需适当利用“不久”“一会儿”等词，这一类的词，可说是叙事文的特质。在说明文里，当然不会有“不久”“一会儿”等具有时间特质的词；反之，它所利用的是具有空间特质的词，也就是说明某种物件的位置和方向的词，举例来说，即如上、下、左、右、东、西、南、北等。

现在，请大家看主席发的讲义吧。讲义上印的两段文章，一段说明对象的位置，一段说明物件的方向，请大家来看一遍。

听众展开刚才分得的讲义，只见上面印着：

（一）案头中间放着一只大鼎，（左）边紫檀架上是一个大瓷盘，盘里盛着十来个娇黄色的佛手；（右）边洋漆架上摆着一个比目磬，旁边挂着小槌……

（二）西湖在浙江杭州的（西）面，是我国的名胜。湖径横约十几里①，一面滨市，三面是山。山峰连续有葛巅、孤山、南屏等，其中最高的是北高峰。原有雷峰和保俶两塔对峙，雷峰早已倒塌，只剩下一个塔基；保俶塔却还巍然地矗立于（北）面……

张定国过了一会儿说：

这两个例子，第一个在叙述到物件位置的地方，第二个在叙述到物件方向的地方，都加着括号。但在这两个例子里用到的，只有“左”“右”和“西”“北”；我们如果在平时读书时，对于说明文稍一留心，当然也不难把用“上”“下”“东”“西”的文句找到。而且除了“上”“下”“左”“右”“东”“西”“南”“北”，还有用“前”“后”来说明一种物件的位置的，我们也不可不注意。

大凡对于占空间位置较小的物件，在叙述的时候，只要说明它的“上”“下”“左”“右”就够；如讲义上所举

① 里：中国市制长度单位，一里等于五百米。

的第一例。对于占空间位置较大的物件，却需说明它的“东”“西”“南”“北”。至于“前”“后”，不论物件的大小，都可以用。例如，“（前）有青山，（后）有绿水”是说明青山和绿水的，这两种物件在空间上所占的位置，当然是相当大的。至于说，“那幅写生画里，（前）面画的是一架闹钟，（后）面画的是一支钢笔和一只墨水瓶”，其中所说明的闹钟、钢笔和墨水瓶，在空间中所占的位置当然远较青山、绿水为小。

在这里我们应该注意的是，“上—下”“左—右”“东—西”“南—北”都是相对的说法。就是至少要有两种以上的东西，放在一起，才有“上—下”“左—右”“东—西”“南—北”；假使只有一种东西，就无从说明它的位置或方向了。因为有了“上”才有“下”，有了“左”才有“右”，“东、西、南、北”也是如此。

我们在握笔作文的时候，要叙述当前许多物件的位置或方向，最好先固定其中一件，作为中心点，然后再从这个中心点出发，来说明其余各物。讲义上的第一例，就是以大鼎作为叙述的中心点，以下说的“左边”“右边”，都是就大鼎而说的。假使没有大鼎作为中心点，那么“左边”究竟是指什么的左边，“右边”究竟是指什么的右边，就要令读者摸不着头脑了。

在说明物件方向的时候，中心点的固定，也是必不可省的。讲义上第二例的第一句，说西湖在浙江杭州的西面，这“西面”就是以杭州市区为中心点而说的。

一篇良好的说明文，它所说明的各种物件的位置和方向都是固定而清晰的；假使照文章所叙述的来画一幅图，也可以办得到，所谓“文章明白如画”就是这个意思。但是叙述不清楚的文章，这一层就办不到，例如说“左边有花瓶”，同时却并不说明中心点，读者就不知道那只花瓶是在什么东西的左边。当然，画也就无从画起。

记得我自己在一年以前，写过一篇文章，题目是《我的家》。那时候我丝毫不懂说明文在写作的时候，需注意说明物件的位置或方向，满篇都是“转了一个弯，就到客堂”“再转一个弯，就到厨房”一类的句子，被胡先生批了一句“不知所云”。可是当时我还是莫名其妙，自己想：“转了一个弯，就到客堂”“再转一个弯，就到厨房”，分明一点儿也没有说错，为什么胡先生说我“不知所云”呢？诸位，你们当然知道其中的缘故，我也就不多说了。

听众听张定国说到这里，觉得“转了一个弯”的说法，委实含糊得好笑，都忍不住笑起来。同时张定国也就下了台。

这时候，坐在会场最前排的秦莲香，觉得自己也有一些想法要发表，就走上台去。

“我前后听了谢安石和张定国两位同学的演讲，实在很佩服他们研究的精细。不过我还有一些意思要补充。原来在普通的文章里，叙事文和说明文并没有截然的界限，在叙述某件动的事情时，也可以兼叙静的物件。举例来说，一篇题名《书画展览会参观记》的文章，关于参观的经过，即动的叙述，固然必不可省；但是那个展览会的会场布置，即静的叙述，也是必需的。”

读后作业

（1）写一篇兼有动静两方面叙述的文章。

（2）任选一段写景的文章，照它里面所说的画一幅图。

十九 真理只有一个

——议论文的写法

"学文，你来看一篇有趣的文章！"觉明向站在黑板面前的学文喊。

学文正拿着粉笔在演算钱币兑换的算式，这时候恰巧算得了正确的答案，听觉明喊得那样起劲，就放下了粉笔，转身跑到觉明的身边去。

学文从觉明手中接过一本《现代儿童》，只见上面印着一篇文章，题目是《公说公有理，婆说婆有理》。

学文看了一遍，想了半天说："我知道这样的说法不对，可是不知道不对在什么地方，我们抄下来去请梁先生批评吧。"两人就动手抄写下来：

公说公有理，婆说婆有理

天下的事，没有绝对的真理。只要你会说，白的可以说成黑的。只要你会写，错的可以写成对的。

会做议论文的人，只要尽量搜集自己一方面的理由，把搜集拢来的理由，整理一下，逐一写出来，到了末了，又把各个理由归纳成几句简要的文句，说明自己主张的理由是对的，就是一篇好文章。

所谓“持之有故，言之成理”，所谓“言之振振有词”。

战国时代有两个人：一个叫苏秦，一个叫张仪。他们对当时战国的燕、赵、齐、楚诸国，提出了两个不同的意见。苏秦叫各国联合起来反抗当时的秦国，便提出种种理由说，各国一定要抗秦才能生存，而且一定要联合起来，大家共同抵御秦国，才有力量。张仪却说：各国要和平，就要同秦国联络，维持友好关系，否则兵连祸结[①]，各国终要自取灭亡。这两个人的意见，完全相反，可是两个人全能说得头头是道。

北宋有一个王安石，被当时的人骂得体无完肤，称为“拗相公”。南宋的秦桧，主张向金投降讲和，后来的人都说他是汉奸。可是有人做翻案文章，王安石变成大政治家，秦桧变成大外交家。

所以议论的文章，最容易做，不管是什么样的事，都可以说得入情入理。而且要使自己的文章做得出人头地，最好是别人说过的不要说，专拣别人没有想到的去说。越是没有理的越能说成有理，文章也便越好。

① 兵连祸结：一个汉语成语。指战争接连不断，带来无穷的灾祸。

主要是不落入前人的窠臼[1]，不要太老实。因为天下原没有真理，随便什么话都可以说成真理。不是有句俗话说“公说公有理，婆说婆有理”吗？这就是做议论文的要诀。

这一篇短文章抄完了，觉明和学文就去找梁先生。

“这篇文章的说法，是错误的。”梁先生看了一下，脸色显得极严肃。

他接着对觉明和学文说：

我们为什么要学写文章呢？

是为了表达我们自己的思想、感情。把我们的思想、感情正确地表达出来，是我们主要的目的。如果原来没有这样的思想，没有这样的感情，我们却假装有这样的思想、感情，甚至歪曲自己的思想、感情来凑文章，便成了无病呻吟，成了没有真正生命的东西。要是硬写出来自欺欺人，也绝不会是好文章。

像《公说公有理，婆说婆有理》这篇文章所说的道理，

① 窠臼（kējiù）：比喻现成格式，老套子。常用作成语“不落窠臼”，指文章或艺术等独有风格，不落俗套。

正是我们要反对的。

所以我常说，做文章有两件事要注意：一件是不说我们不知道的事；还有一件更重要的，是站稳正确的立场。

如果你没有到过泰山，却做一篇《泰山游记》，尽管你将亭台、楼阁、花、木、虫、鱼都写了进去，却和泰山全不相关，不要说不能妥帖适当，连道路树木都写错了地方，看的人不要笑掉牙吗？

如果你讨论问题的时候，不是站在祖国人民的立场上，或是被不正确的理论蒙蔽，没看清真理，却也洋洋洒洒写了一大篇文章来叫人家去相信，那会产生些什么结果呢？不是成了骗人害人，成了替敌人宣传的文章了吗？

要知道，天下的真理只有一个。

要知道我们分不清是非，看不出好坏，是因为我们没有认真观察研究，没有学习检讨，所以才觉得糊里糊涂。或者就是我们被偏见蒙蔽，还没有能够发现真理。绝不能因为我们分不出、看不清，就说没有真理。至于把白的说成黑的，错的写成对的，更是胡说。本来是白的，你写成黑的，一定是歪曲了事实，一定有漏洞，一定不妥帖。本来是错的，你写成对的，一定是故意掩饰，强词夺理，在明眼人看来，更是一文不值。

苏秦、张仪是各有各的立场，对王安石、秦桧的批判，要先问什么是批判的标准。如果立场一致，标准相同，怎么会得出不同的结论呢？

因此我们首先要知道，所谓议论文便是说理文，便是要把你相信的真理，清楚明白地写出来，要大家和你一样相信。

要写好一篇议论文：第一，要你自己确知你所说的真理。第二，要把你相信的真理研究一下，怎样分出层次？什么是你着重的地方？哪些是不容易说得透彻的地方？然后缜密组织起来，确保写出来后使人家看了便能明白，便能相信。第三，要看对什么人写，你写的道理看的人能不能懂，再加以进一步的修整润饰。

要说没有内容，没有意义的东西，只要组织好，就是好文章，实在是错误的。

梁先生一口气说了一大篇话，脸色始终都很严肃。停了一下，才显出微笑对觉明说：

“所以，我认为大家要先知道这些道理才去写议论文。在我看来，你们还年轻，许多事情还没有透彻地知道，最好暂时不要写这类文章。”

“可是我们也想学着写写。”

“那就拣你们知道的写。比如说，地球为什么是圆的，你们听赵校长说过，就不妨写写，看怎样才能写得妥帖适当。又比如说，我们为什么要爱国，也可以写写，因为我们大家都相信祖国伟大可爱是真理。”

“这样说来，我有些明白了，要是文章都要写成翻案的，那么大家都相信祖国伟大可爱是真理，我却写一篇不要爱国的文章，不是成了叛徒了吗？”学文很恳切地说。

“我也懂了，”觉明接着说，“大家虽都知道爱国的重要，但有些意义还有许多人不很清楚，我向那些不清楚的人解释这些意义，也可做一篇文章。”

梁先生不由得点了点头，接着又说了一句：“真理只有一个，议论文要阐扬真理。”

走出梁先生的房门的时候，觉明向学文伸了伸舌头说：

“我从来没有看见梁先生这样严肃的样子！”

读后作业

（1）试写一篇我们为什么要热爱祖国的议论文。

（2）你认为写议论文最难的是在哪一点？应该怎样解决？

（3）写一些理由，说明做文章要用严肃的态度。

二十 一本账簿

——日记的写法

运动场上，东一堆西一群的，都是孩子。他们已经做完了一天的功课，于放学以前夕阳将坠的一小时中，尽在那里纵情嬉戏，借以恢复一天来的疲惫。

学文和觉明，这时候也整理好了各人的书包，互相携着手，向运动场走来，一面还唧唧哝哝地不知谈些什么。

他们一面走，一面说，刚走近运动场的门口，只听得“砰”的一声，把他们吓了一跳。抬头一看，见胡先生正立在左首横廊上第五教室的门前，脸上露出懊恼的神色，他的左臂弯里夹着三四十册作文簿，右手又拿着另外的一本。

“喂，老胡，您关门怎么关得这么响？”

这时候，梁先生从横廊的后段走了过来，喊着胡先生。学文和觉明也不自觉地放了手立定了。

胡先生回过头去，可是并不答话。

“您那双手拿着的是什么？”梁先生又问。

“一本账簿！”胡先生把右手的一本作文簿递给梁先生。

“哦，原来又是王才德的文章惹了您！”梁先生看了作文簿上的姓名，说：“怎么又说它是一本账簿呢？”

“您看了它的内容自会明白。”胡先生苦笑着。

梁先生打开了王才德的作文簿，学文和觉明也走了过去。“原来是王才德的日记簿！”觉明暗暗地捏了一下学文的手。

“他每天的日记都是记账式的，我不知说过他多少次，可是他总不听我的话。”胡先生说。

梁先生暂时不说话，翻到了昨天的日记，只见上面写着：

五月二十一日　　天晴　　温度 26℃

早上起来，帮爸爸到田里去浇水。浇好了水，又跟爸爸剥了两大篮莙荙[①]。共重十七斤半。据爸爸说，十七斤半的莙荙可以卖五角多钱。早饭后，上学校。上午的功课是语文、算术和地理，语文课读《南京路上的血迹》，算术课学习分数乘法，地理课学习画浙江省的地图。下午的功课是音乐、自然、劳作和体育。

① 莙荙（jūndá）：莙荙菜，即叶用甜菜，一年生或二年生草本植物，叶子菱形，有长柄，花绿色。叶子嫩时可以吃。

音乐课唱《“五卅”[1]纪念歌》，自然课研究蚊和蝇，劳作课描“五卅惨案”的想象图，体育课做番薯赛跑。

梁先生看完了王才德昨天的日记，又翻看了一下前几天的，掩了卷说：“怪不得您说他写的是一本账簿！”

“可不是吗？”胡先生说，“我几次对他说，叫他不要专记每天照例做的事，要记一天中有记述价值的偶发事项，可是他老是不肯改。”

“是的，您对他说的确是极重要的一点，这样账簿式的记述，实在太无意义了。”

“而且我为了他们（指五年级的同学）不知道记日记的方法，花过两节语文课的时间对他们详细地说过的呢。说过以后，别人都有了显著的进步，可是他……”

“您怎么对他们详细地说的？请再复述一遍，如何？”梁先生笑着，一面指着学文和觉明说，“您看这两个孩子倒正预备听您的话。”

学文和觉明被梁先生这么一说，倒觉得有点不好意思起来，各人一看自己，才知道和二位先生站得太近了，几

① 五卅：指五卅运动。卅（sà）：三十的意思。1925年5月30日，上海22家日商纱厂近4万名工人为反对日本资本家打人和无理开除工人，要求增加工资，先后举行罢工。这是一场群众性反帝爱国运动。

乎挤在一起。于是慌忙退后了一步。

“唉，假使王才德能够像您这两个学生这样用心，我也可以省下不少精力了！”胡先生说着，又转身向着学文和觉明，“你们真是好孩子，怪不得梁先生常在我面前谈起你们，向我表示骄傲。日记的记法，你们当然已很明白，还要等我来告诉你们吗？”

“不，”梁先生说，“他们也并不记得怎样好，请您不吝赐教！”

胡先生听了这句话，才开了笑脸，兴奋地说：“日记这东西，其实是各种文体的缩影。在日记里面，叙事固然是最主要的，但抒情也不可省，此外对于事物的说明，以及对于某事项的意见等，也都可在日记里表达，所以，日记是包罗各种文体的。不过，它虽然包罗各种文体，却并不是长篇大论，这一点是它的特色。”

胡先生说到这里，从左臂弯里的一叠作文簿中，拿出一本书来，书名是《日记选择》。他用右手敏捷地翻开那本书，指着书中的一段日记，向学文和觉明说：

“你们来看！”

两个孩子跑近胡先生的身边，梁先生早把那段文字读了出来：“下了好几天的雨，今晚才见到一弯眉月，在云端里徘徊。谁知就寝之后，又是一阵猛雨，不久雨势稍杀，枕上读《爱的教育》数页，就掩卷睡去。梦中，忽闻雨声又急，间以雷鸣。急起往视各处，已有好几处滴着漏水。约一小时后，雷雨方止，天也快亮了，遥想好友洁如所搭的火车，这时候大概也将抵沪了。”

“晚上的雨，也有这许多好写，而且写得这样逼真！”学文忍不住赞扬起来。

“像这段日记，就是叙事夹着抒情的。抒情的地方，只有末了的一句，这一句表面上看去似在叙事，其实是对于友人别离后的怀念。

“你们在没有写惯日记之前，常感到日记的取材不容易——固然像王才德那样的记法，也不愁没有可写——可是一天二十四小时，如果在提笔将写的时候，稍稍回忆一下自己在二十四小时中活动的经过，绝没有无可取材之理的。有的人实在是因为懒惰，连不费气力的回忆也不肯做，于是就说无材可取；还有许多人虽然并不回忆，却也不愁无材可取，原来他会扯谎，在日记簿里扯几句谎话就了事。谎话根本不该扯，而日记因为以纪实为第一个条件，所以尤其不容扯谎，这一点你们也要注意。

“时候已经不早，将放学了，你们记住了这几句话，能够依照着切实去做，日记的能事[1]也可说是尽了。”

读后作业

（1）把胡先生的谈话归纳出几个要点，写一篇《日记的记法》的文章。

（2）试写日记一篇，检查自己的日记犯了什么毛病没有。

① 能事：擅长的本领。

二十一 父亲大人入目

——书信的写法

“五卅”纪念以后的一天，是读写研究会第十次集会的会期。到了开会时，虽然钟声响了，许多会员都还不知道这次演讲的人究竟是谁。大家怀着满肚子的疑惑，进了会场。

过了一会儿，主席走上台来，向大家报告说：

“我们读写研究会的每次集会，都有一个会员来演讲，这些会员都是在开会以前预先约定的。可是到了最近，就我们知道的能够演讲的会员，差不多都演讲过了。这次的集会，到我现在说话的时候为止，还找不到演讲的人。可是我们几个执行委员，也这样想过：在七八十个会员之中，能够演讲的人绝不止于以前演讲过的九个，怕是因为我们不十分详细知道大家的能力，以致有许多能够演讲的会员没有被我们发现。因此，今天的集会，想请大家自动地上台来演讲。万一这个办法失败了，我们就只能去聘请先生。现在，我们先来试一试第一个办法——有谁愿意来演讲的，请不要客气，也不要畏缩，先举起手来！”

主席说完了这句话，就巡视全场的会员，希望有人会自告奋勇地举手。忽然，主席现出了笑容，摆手向会场后方的三个人说：

“请把手放下！”

许多人立刻回转了脸向后方看去，可是已经瞧不到所举的手，只听得主席接下去向大家说：

“刚才已经有陈福元、潘明和魏志澄三位会员举了手，现在请三位中无论哪一位上来演讲吧。”

三个人略略推让了一会儿，大家就见五年级的潘明走上台来。

我今天所讲的题目，叫作《父亲大人入目》。谈起这个题目的来历，倒还是一个笑话：

原来从前的人在写信的时候，长辈和幼辈的界限，是分得很严的，因此父亲写信给儿子，开头就呼唤一声“某某吾儿”或“某某小儿”，而做儿子的复信给父亲，就得尊称一声“父亲大人”。不但是“父亲大人”而已，有时为表示更尊敬的态度起见，还在“父亲大人”的下面加上“膝下”“敬禀者”一类的词；而做父亲的，有时也会在“某某小儿”之下，添上“入目”一类的词，以抬高自己的地位。

有一次，有一个做儿子的接到他父亲的一封信，在复信时，除写了“父亲大人”之外，不知道怎样才能表示自己更尊敬的态度。一看他父亲的来信称呼的下面有“入目”两个字，他就胡乱地把这两个字移用到“父亲大人”的下面去，写成了“父亲大人入目”。等到把全信写毕，就毫不迟疑地把信寄出了。

他的父亲接到了那封信，不禁勃然大怒，连骂他的儿子“小畜生”。[听众大笑]

他的父亲为什么要勃然大怒呢？那自然是因为“入目”两个字出了毛病。本来，“入目”的意义，原为“看”，对于父亲也谈不到什么侮辱。可是因为这两个字一向被做长辈的人用惯了，无形之中，渗入了轻蔑的意味，因此才使做父亲的生了气，做儿子的受了屈。

从这个笑话里，我们知道从前的人把写信看作一件如何重大的事，同时又是一件如何不容易的事。如果一不小心，出了岔子，被骂还是小事呢！不过，这是从前的人写文言文信的故事。说到目前，大家都已经用语体[1]来写，那种形式上尊卑的界限早已被打破，这样的笑话，自然也不致再闹了。

话虽是这样说，写信这件事究竟是不可胡做的。如一

① 语体：即白话文，与文言文相对。

味胡写，虽然是语体文的信，也未尝没有闹笑话的可能。记得我家的邻居应先生，前天接到他儿子从汉口寄来的一封信，信内自称“弟在汉口平安，请勿挂念”，岂不也是一个大大的笑话？[听众大笑]

语体文的信，固然形式上尊卑的界限是废止了，但也有一定的格式。现在我们就来谈谈这种格式，怕不是无意义的事吧。

通常在一封信里，开头的称呼总是要的，如果没有称呼，那封信究竟写给谁看，人家就莫名其妙。固然，这信封上也有收信人的姓名，但是为习惯上大家都这样做，如果有一封信没有称呼，收信人看了就会有不自然的感觉。

称呼之后，接下去就写正文。正文是和文章一样的，发信人要想向对方说什么话，都写在这一部分。不过在格式上写到正文的时候，最好是按照意见分段写出。[①]

现在，我们为求明了起见，且来举一个例子。

潘明说到这里，就走到黑板面前去，拿起粉笔来写。可是他的身材太矮小了，踮起了脚尖，还不够半个黑板高。主席看见了，慌忙端了一条长凳，请他站上去写：

---

① 具体信件内容和信封的格式已根据当下信件格式要求有所删改。

大哥：

我自离家以后，转瞬已一月，一月来住在姊夫家里，生活很好，请你和妈妈不必挂念。

近来因为闲着没事做，很想看看杂志或报纸，不知道你那里有没有新出版的书报？假使有，请寄一些给我。

“我的例子举得很不好，只不过借此把上面所说的要点做个对照罢了，请大家不要见笑。”潘明暂时顿了顿，又说道：

等到正文写完了，就需要写一句祝愿的文句，借此做个结束。一般性的祝词有“此致”“敬礼”。格式是另起一行空两格写“此致”，下一行顶格写“敬礼”。具体的祝愿语可根据收信人与自己的关系而改变，给长者的信往往写“祝您身体健康”，给朋友写“祝工作顺利”等。问候完了，再另起一行居右写上发信人的姓名，更在姓名正下方写上那封信的日期。

潘明又爬到长凳上去，在刚才写的那几行后面，另行接下去写：

匆忙，不多写。

祝你快乐，并祝妈妈安康！

志远

五月三十一日

这封信，因为是弟弟写给他哥哥的，大家都是同姓，所以署名的时候，不用再加姓，如果对方是亲戚或朋友，那么姓就不能略去。

信的内容说到这里已经完了，现在接下去谈信封的格式。信封上所写的，可以分为三部分：第一是收信人的地址，应写在信封的上面靠左侧；第二是收信人的姓名，应写在信封的中央，这一部分除了收信人的姓名，可在姓名的后面加写“先生收”或“女士收”等字样；第三是发信人的地址和姓名，以免信邮寄不到的时候可以再返回交给本人。

潘明说到这里，又回转身体要爬上长凳去举例，只见梁先生已经立在黑板旁边，在替他写了：

□□□□□□

上海南市××路×号

×××　先生　收

北京灯市口大街×××号　×××寄

邮政编码：

“我替你写得不错吗？”梁先生转过身来，问潘明。

潘明点点头，全场的会员都拍手笑了。

读后作业

（1）写一封给父亲的信。

（2）信的内容，最重要的是哪一部分？

（3）信封上最重要的是哪两部分？

二十二 呆子和音乐家

——诗的写法

“觉明，我听梁先生说，我们六年级不久将举行毕业考试哩！”

“那是当然的，无忌，”觉明回答说，“要毕业总得受一次毕业考试。”

“不……”柳无忌刚要接上去说，忽然他们的话题引起了同级的周学文、李若愚、李月娥、张定国等的注意，都跑了过来。

“毕业考试究竟在哪一天开始？”

“毕业考试究竟是怎样考的？”

“……”

大家七嘴八舌地说。无忌因为他的话被大家打断了，睁大了两只眼睛，像是在那里生气。

“你们不要这么急，”觉明说，“天气热得很，请大家站开些，先让无忌把话说完。”

“我说的可并不着重在毕业考试。不过因为毕业考试的日期逼近了，我们的读写研究会还有两次集会不曾举行，将来一面要考试，一面要开会，岂不是要忙不过来？”

“哦，正是，我们倒忘了，幸亏无忌提醒了我们。”觉明说。

“听说五年级的同学，他们虽然没有毕业考试，不久也要受学期测验。”学文说。

“那么，我看还有两次读写研究会便不要开了吧。”

大家回头去看说话的人，原来是李若愚。

“不，这样办，我不赞成，做事总得有始有终！”林文英本来坐在远处看书，忽然把书放下了，扬着手在那里高声反对。

“这样我也不赞成！”许多人都异口同声地说。

“我想还是这样吧：把末了两次的读写研究会提早举行，那么无论在读写研究会方面，还是在考试方面，都不会有什么妨碍。不过这件事最好开一次执行委员会来讨论一下。”学文这样提议。

大家都赞成学文的意见。

执行委员会开过了，议决的办法是：第十一、十二两次的集会，提前于六月五日、十日陆续举行。

到了五日那一天，大礼堂里照例是拥挤得水泄不通。主席等会员都到齐了，就分给每人一张纸，只见上面印着三首诗：

天上的街市

郭沫若

远远的街灯明了(liǎo)，
好像闪着无数(wú shù)的明星。
天上的明星现了，
好像点着无数(wú shù)的街灯。

我想那缥缈(piāomiǎo)的空中，
定然有美丽的街市。
街上陈列的一些物品，
定然是世上没有的珍奇。

你看那浅浅(qiǎnqiǎn)的天河，
定然是不甚宽广(guǎng)。
那隔着河的牛郎织女，
定能够骑着牛儿来往(wǎng)。

我想他们此刻，
定然在天街闲游(yóu)。
不信，请看那朵流星，
是他们提着灯笼(dēnglong)在走(zǒu)。

贩鱼郎

臧克家

鱼在残阳中闪着金光，
大家的眼亮在鱼身上(shēnshàng)，
秤杆在他手底一上一下(xià)，
他的脸是一句苦话(huà)。

人们(rénmen)提着鱼散了阵(zhèn)，
把他丢给了黄昏(huánghūn)，
一双筐子朝他看(kàn)，
像两只空虚的眼(yǎn)。

天大的情面借来的本钱(qián)，
末了挣回来不够一半(bàn)，
早起晚眠那不敢抱怨(yuàn)，
本想在苦碗底捞顿饱饭(fàn)。

暗中潮起一阵腥气(qì)，
银圆讥笑在他的手里(lǐ)，
双(shuāng)手拾起了空筐，当他想道：
家中挨着饿的希望。

温静的绿情

应修人

也是染着温静的绿情的，
那绿树(lǜ shù)浓荫里流出来的鸟歌声。

鸟儿树里曼吟，
鸭儿水塘边徘徊(pái huái)，
狗儿在门口摸眼睛，
小猫儿窗口打瞌睡。

人呢？——
还是去锄旱田了，
还是在炊早饭呢？
蒲花架上绿叶里一闪一闪的，
原来是来偷露水吃的，
红红(hónghóng)的小蜻蜓(qīngtíng)！

大家还没有把三首诗读完，就听到台上已有人在演讲，抬起头来一看，原来是陈福元。

今天我的讲题是《呆子和音乐家》。我把呆子和音乐家连在一起来说，大家也许会感到一种不愉快。因为通常我们对于呆子的印象是很坏的，甚至常有人用“呆子”两个字来骂人，而对于音乐家呢，我们的印象却又特别的好。

其实就呆子而论，未尝没有几处可取的地方。我曾在一本书上，看到著作者颂赞过呆子，他说：“在一个虚伪百出的社会上，只有呆子才会说几句真实的话。”不是吗？那些所谓“久经世故”“老成练达”的人，对人从来不肯用坦白率真的态度，一味“口是心非”向人敷衍。假使社会上都是这样的人，没有一个呆子，来说几句真实的话，揭破虚伪者的假面具，社会不知要黑暗到何等地步！呆子的恶名，本来是自称聪明人的虚伪者加上去的，因为他们厌恶揭破他们假面具的人！

不过我现在要赞美呆子的，倒并不在于他能摘下虚伪者的假面具，却在于他的丰富的想象力。这个在后面我还要详说。

我究竟为什么把呆子和音乐家连在一起呢？原来我们在写某种文章的时候，自己必须是一个呆子，而又是一个音乐家。所谓“某种文章”，不瞒大家说，就是“诗”。

大家一定都读过诗，诗是怎样的一种文章，大家差不多都知道了。不过对于诗，仅仅是表面的认识，是不够的；而且除了认识，还要自己会写。要想对诗有进一层的认识，要想自己能够写诗，就非明白诗的特质不可。

诗的特质是什么呢？就是呆子的特质加音乐家的特质（这里所说呆子的特质就是指他丰富的想象力）。把这两种人的特质合起来，就等于诗的特质。换句话说，具有这两种特质的人，才可以认识诗，才可以写诗。

现在，请大家读一遍刚才主席所发的三首诗。

陈福元说到这里，暂时顿住了，一面走到黑板边去，画了一张示意图：

诗 { 呆子的特质——内容
　　{ 音乐家的特质——外形

等了一会儿，大家都把三首诗读完了，等待陈福元接下去说：

诗里呆子的特质即丰富的想象力，是属于诗的内容的；

而音乐家的特质是属于外形的。先就内容的特质来说，如第一首《天上的街市》，就充分地证明了这一种特质。天上有没有街市，谁也不知道，聪明人为保持他一向聪明的信誉起见，对于这样的事情尤不敢胡说乱道，他只会说“今天的天气真热啊！苍蝇和蚊子真可恶呵！”一类的话[听众大笑]；可是呆子呢，却是一副呆头呆脑的样子，他不顾一切，不打诳语[①]，只要是他自己想到的，无论是真是假，是是非非，都忍不住要说出来。在这首诗的第一节里，用了两个“好像”，后面一个“好像”就是呆子对于明星的猜想。起初他是这样猜想的，可是猜想到后来，他就毅然决然地把天上有街市的事肯定了，因此在第二、三节里和第四节的前两句里，接连地用了不少“定然”。到末了，还恐怕别人“不信”，再加上一句强而有力的证明，使不信的人，也不由得相信起来。

从那首诗里，我们看到呆子想象力的丰富，真是无与伦比！

不过，我在上面说了许多“呆子”，应该加上一个声明，会作诗的呆子和普通的呆子是不同的。不同的地方是，会作诗的呆子是暂时的，作完了诗他就不是呆子了，不像

① 诳（kuáng）语：骗人的谎话或大话。

普通的呆子，常是那样呆着的；会作诗的呆子只有呆子的长处——有丰富的想象力，没有普通呆子的短处——普通的呆子连自己的行为也是呆的。所以请大家不要误会，以为这首诗的作者真的是一个普通的呆子[听众大笑]，因为普通的呆子是绝对写不出那样有条理的诗来的。

这种呆子所特有的丰富的想象力，实在是每一个作诗的人不可缺少的。我们就其余两首诗来说，也可以见到同样的情形，如《贩鱼郎》一首的“把他丢给了黄昏”“一双筐子朝他看，像两只空虚的眼”“银圆讥笑在他的手里”，《温静的绿情》一首的第二节和第三节的“蒲花架上绿叶里一闪一闪的，原来是来偷露水吃的，红红的小蜻蜓！”等都是。这些诗句绝不是普通人能随便想象得到的，可是诗的好处，诗的精神，诗的生命，却都寄托在这一类想象力丰富的文句上。

诗里音乐家的特质就是押韵。不押韵的诗固然也有，但总不如押韵的诗，读起来能令人产生音乐的美感。押韵的意思就是，一个诗句的末一个字和另一个诗句的末一个字同韵，例如《天上的街市》一首：第一节第一句末一个字“了”和第三句末一个字“了”是同韵，韵母是“iao”；第三节的“广”和“往”，押的是“ang”韵；第四节的“游”

和“走”，押的是“ou”韵。在《贩鱼郎》一首诗里，也有押韵的地方，请大家自己去找。

在诗里还有在同一句里用叠韵[①]字的方法，它的性质和效用也与押韵一样。例如，《天上的街市》一首的“远远”“无数”“明星”“缥缈”“浅浅”和“灯笼”；《贩鱼郎》一首的“大家”和“人们”；《温静的绿情》一首的“绿树”“徘徊”“红红”和“蜻蜓”。

除了上面两种同韵字的用法，此外更有一种“双声”的字。同韵的字，即它们的韵腹和韵尾是相同的；而“双声”的字，恰好和它们相反，是两个声母相同的字。例如，《贩鱼郎》一首里的“身上”，“身”字的声母是“sh”，“上”字的声母也是“sh”；又如“黄昏”，“黄”字的声母是“h”，“昏”字的声母也是“h”；至于上面说过的“远远”“浅浅”和“红红”，因为本是一个字的叠用，所以也可说是“双声”。这种双声的字，我们在读的时候或听的

---

① 叠韵：针对韵母而言，两个字或几个字的韵腹和韵尾相同叫叠韵。例如，阑干（lángān）、千年（qiānnián）。韵母：汉语字音中声母、声调以外的部分。韵母又可以分成韵头（介音）、韵腹（主要元音）和韵尾三部分。如娘（niáng）的韵母是iang，其中i是韵头，a是韵腹，ng是韵尾。每个韵母一定有韵腹，但不一定有韵头和韵尾。如大（dà），a是韵腹，无韵头、韵尾；瓜（guā），u是韵头，a是韵腹，无韵尾；刀（dāo），a是韵腹，o是韵尾，无韵头。

时候，也一样能引起音乐的美感，所以在诗里所占的地位也很重要。

这一种音韵和谐的文字，一方面固然是属于外形的特质；另一方面有时若韵的性质选配得好，还能助长内容的气势。例如，一首义勇军杀敌的诗，若韵的性质能和内容慷慨激昂的情调相应，发出铿锵如刀枪相激的声音（如“ang”韵、“ong”韵、“eng”韵），那么这首诗读起来一定更易感动人。

诸位会员！你们会写诗吗？我希望大家试试看！

读后作业

（1）“呆子的特质”一节中，有说到与活的文句写法有关系的地方，试参看《菩萨和活佛》一章，加以比较。

（2）试写一首送别毕业同学的诗。

（3）指出《贩鱼郎》一首诗里还没有举出的两个双声字。

二十三 下雨天留客天留我不留

——标点符号使用法

过了五天，不觉又到了读写研究会第十二次集会的日期。

天在降着梅雨。大礼堂中比平时潮湿了许多，可是尽管潮湿，到会的会员还是和上一次集会时同样的拥挤。

“可惜只有这最后一次集会了！”每个会员的心里，都在这样叹息着。大家都默不作声，默默地瞧着讲台上的动静。

主席上来了，他向大家说的第一句话就是：“可惜，只有这最后一次集会了！”

他说出了每个会员心里的感慨以后，接着又说了一套读写研究会结束的话。大家听了，不由得更发起急来，但是虽然发急，大家还依旧是默默地瞧着讲台上的动静。

这时候主席发完了话，走到黑板的旁边去，写了几个字：

魏志澄讲：《下雨天留客天留我不留》

魏志澄也是六年级生，身材颇长，脸色很黑。大家都知道他的父亲是一个贫农，家境是非常困苦的。每天傍晚，魏志澄放学回家总替他父亲去放牛割草，所以他的脸色就晒得十分黑了。这时，大家见他从会场的最末一排走上台去。

魏志澄说：

明朝的时候，有一个著名的滑稽家，他的名字叫徐文长。这个人，据说是很有学问的，不过他的行为——却并不和当时一本正经的读书人一样——非常滑稽，因此他有许多滑稽的故事，一直流传到现在。知道他故事的人一定很多，我此刻要说的一个，或许大家也已经知道了。不过我现在要说这个故事，无非是借它来做个话题，大家也不妨再听一遍；如果大家还不知道这个故事，那当然更好了。

有一次，徐文长到他的朋友家里去，一住就是好几天。那时候正是黄梅时节，天天下雨。徐文长托故天雨不能行路，尽赖在朋友家里，吃吃睡睡，谈谈笑笑，像在自己家里一样。他的朋友，因为徐文长住得久了，就讨厌起来。暗想徐文长是最难对付的人，如果天一味下雨，说不定他会一味住下去，就想出了一个办法：写了一张字条贴在客堂里，让徐文长瞧到了，自知没趣，不再居住下去。那张字条上写着“下雨天留客天留我不留”十个字，意思是说：

天虽然每天下雨留住你（指徐文长），但这里的主人可不曾留你。

徐文长看到了那张字条，默读了一遍“下雨天留客天留我不留”，就明白主人是在讨厌他。可是他觉得主人这种办法实在太使他难堪了，不由得恼羞成怒，想出了一个妙法，把那张字条上所写的话不改一字，高声朗读道：“下雨天，留客天，留我不？留！”接着还大笑说：“呵呵！主人这样盛情，真使我却之不恭。本来我想今天告辞，既然这样，我再住几天吧。”［听众大笑］

原来从前的人，无论写什么，都往往不注意文句的标点，因此那张字条上的文句，可以有两种意义绝对相反的读法。聪明的徐文长就抓住了主人不注意文句标点的弱点，故意和主人为难。

从这个故事里，我们得到了一个教训，这教训就是：文句写好之后，必须加上标点。不但短短的几个文句是这样，就是长长的一篇文章，标点也绝对不可省略。否则，在文章里自己发表的意思，就有被读者误解的危险。

现在我们就来研究一下标点符号，标点符号一共有十二种。我已请执行委员会把它们的名称、符号、用法、举例油印成一张表，分发给诸位，请诸位仔细地看一遍。

台下几个执行委员，这时正各自拿了一叠讲义在向大家分发。魏志澄暂时停止了说话，等每个人的讲义都到了手，才接下去说：

第一种是句号。符号的形状是一个小圆圈，用在文句末尾的地方。例如："他哭了。"的"。"。

第二种是逗号和顿号。逗号的形状像一只小蝌蚪，顿号的形状像一粒芝麻。逗号用在长句中语气中止的地方，顿号用在文句中许多运用的同类词中间。例如："大家应该努力，使自己的品行、学问、身体都好起来。"的"，"和"、"。

第三种是分号。形状是逗号的上面加一个小黑点，用在一句中几个很长而并列的分句中间。例如："天气热了，固然热得令人难受；冷了，也会冷得令人受不住。"的"；"。

第四种是冒号。形状是两个小黑点一上一下，用在总起下文或总结上文的地方。例如："他的玩具很多，有：小狗、木马、洋囡囡、喇叭、铜鼓、小汽车和泥菩萨。"又如"忽听得一片呼救声、哭呼声、搬物声、狗吠声，杂然并作：原来是起火了。"中间的两处“：”。

第五种是问号。形状像一只耳朵，用在疑问句的末尾。例如：“他怎么啦？”的“？”。

第六种是惊叹号。形状是小黑点的上面加上一竖，用在各种感情激发的文句末尾处。例如：“真想不到他这次竟得了第一名！”的“！”。

第七种是括号。形状是上下［竖排时是上下对称的︵︶，横排时是左右对称的（ ）］对称的两条弧线，用在文句中夹注的地方；凡是夹注的部分，都括在括号里。例如：“对于他（善于说谎的他），你不要十分信托。”的“（ ）”。

第八种是引号。分为两种：一种是单引号，形状是上下两个反方向的直角，都用单线画出[①]；另一种是双引号，形状和单引号相同，但都用双线画出。双引号用在称述言语的前后，单引号用在称述言语中的言语的前后。例如：明儿的姐姐说：“我听爸爸说：‘明天我们一家要到上海去了，所以我现在很快乐。’”的“”和‘’。

---

① 民国时期书籍为竖排本，所以标点符号是上下对称的，单引号和双引号形状分别是：﹁﹂、﹃﹄。现在书籍为横排本，引号左右对称，改为‘’、“”。

第九种是破折号。形状是一条直线，用在文句中，语气转变的时候。例如："炎热的夏天来啦——那也不用烦恼，一等过了夏天，就是凉爽的秋天了呢。"的"——"。

第十种是省略号。形状是一条直的虚线，用在文句被省略的时候。例如："花园里的花可真不少，有：月季花、桃花、杏花、李花……万紫千红，把整个花园装点得非常热闹。"的"……"。

第十一种是私名号[①]。形状和破折号相同，但破折号是用在文句中间的，私名号却用在文句中私有名词的旁边（竖排时在旁边，横排是在下面）。例如："中华民国的国父是孙中山先生。"的"____"。

第十二种是书名号。用在文句中书名的旁边。例如："我爱读的书有《新少年》《小朋友》《儿童世界》《儿童杂志》等。"的"《》"。

我们平时在写文章的时候，都应该照上面十二种标点符号的使用法，加上标点。假使不加标点，万一遇到了第二个徐文长，我们的文章就要遭殃了。

---

① 私名号：用于专有名词，现已不常用。

读后作业

照上面十二种标点符号的使用法，给下面的文章加上标点。

（1）燕子去了有再来的时候杨树枯了有再青的时候桃花谢了有再开的时候但是请你告诉我我们的日子为什么一去不复返呢是有人偷了它们吧那是谁又藏在何处呢是它们自己逃走了吧现在又到了哪里呢

（2）一九二〇年八月二十四日夜游后湖就是玄武湖主人王伯秋要我作诗我竟作不出来只好写一时所见作了一首小诗

（3）学文打开纸包一看大喊道许多好看的新书他一面喊一面一本本地翻看小说有宝岛水浒传故事有伊索寓言印度故事童话有安徒生童话集日本童话

二十四

蟹和馒头

——读书的方法

六年级的毕业考试和五年级的学期测验都已陆续举行，启智小学校园里的石榴花像火一样的红，五、六年级的孩子们的心情也和石榴花一样。

举行毕业礼的前三天，五年级生谢安石，发起一个五年级同学欢送六年级同学的茶话会。

茶话会仍在礼堂里举行，参加的同学，也仍旧和举行读写研究会的时候一样多。不过这一次的集会形式，却改变了：他们把礼堂里的许多椅子排成一圈一圈的圆形，圆的正中放着一张小圆桌，桌上是一只大花瓶，瓶里插着红得发了狂的石榴花。

参加这一次集会的，除了五、六年级全体同学，还有三位先生，是赵校长、梁先生和胡先生。

“开会了！”会场里一片欢乐的笑声。大家纵情地谈，纵情地笑，任意地吃，任意地喝。“你们谁有擅长的本领，现在不妨来表演一下，让大家瞧瞧。”赵校长说。

“我会学猫叫。”谢安石说。

“我会变戏法。”钱文华说。

“我会唱昆曲。”林文英说。

“我会演独角戏。”周学文说。

还有许多人在举着手，要表演各自的特技。

“现在请大家一个一个来表演，”主席说，“待我先把圆桌扛过来。”

这时候，朱觉明就过去帮主席把会场中央的小圆桌扛过来。接着就是各人的表演。表演完了，大家的兴趣还很高，就要求三位先生表演。

赵校长会打拳，先表演了一套“燕青拳”。大家都拍手。随后是胡先生唱了一段京戏，叫作《行路训子》，大家倾听得几乎神往了。

“梁先生！现在轮到您了。”主席说。

梁先生站了起来，向大家点点头，说：“我是最没用的，什么特技也没有。但我也不愿使大家扫兴，还是随便地向大家谈谈吧。”

“欢迎！欢迎！”

王才德大声地说，引得大家都笑了。

“其实，我说话的能力也真坏，既不会讲笑话，也不会说故事。此刻想到要说的，依旧是关于读书方面的事：

读书是一项终身的工作。我们从开始识字的那天起，直到现在已经有五六个年头了。可是我们回头来看看，究竟一共读过几本书？假使有一个统计，那么统计所得的数字，如果与社会上出版书籍的总数比较起来，一定要小得使人不能相信。因为社会上出版的书籍极多，不要说我们读了五六年读不完。就是读了一辈子也是读不完的。所以读书这件事实在是永远做不完的。

那么，这件事可以放弃不做吗？却又不可以。因为读书是求知识，知识是每个人生活在社会里必不可少的，没有知识就不配做人。所以倒过来说，要做人就要求知识；那么既然做了学生，就得读书。

书既然必须读，而要读的书又这么多，怎么办呢？除了努力地读，就没有第二个办法。我们只有尽自己的能力，可以读多少就读多少，纵然不能把社会上出版的书都读完，也应该以自己的能力，使自己读到不可再多的限度。因为这样做，一定比不读书强许多。

读书有两种读法：第一种读法像吃蟹；第二种读法像吃馒头。

大家当然都吃过蟹。蟹肉的滋味是很鲜美的，所以大家都很爱吃。可是，蟹肉不比猪肉，不能够大块地吞，大块地嚼，它的肉都藏在蟹壳里面，而蟹壳却又组织得非常复杂。据老吃蟹的人说：“蟹之所以好吃，正因为它不能大吞大嚼；如果吃起来像吃猪肉那样容易，它的滋味一定要减低不少。”这句话的确是经验之谈。

有许多书也和蟹一样，滋味是无穷的，我们应该细细地读，读了一遍不够再读第二遍，第二遍读了还不能充分了解它的内容，要再读第三遍、第四遍以至十多遍。因为若不是那样读，就等于把整只的蟹放进嘴里去乱嚼一阵一样，是得不到什么好处的。

这样说来，岂不是我们越不能多读书了吗？不，我们不用着急。因为各种出版的书，并不是都像蟹一样的，有许多书，不像蟹而像馒头，我们吃馒头可以大吞大嚼，读那种书也是一样。那种书的内容并不是发掘不尽的宝藏，我们只要大略翻看一遍，就能完全了解，那又何必多费自己的精神和时间，一辈子捧着不放手呢？

所以读书有两种方法：一种是精读法，就是前面所说的第一种读法；另一种是略读法。精读法像吃蟹，略读法像吃馒头。应该精读的书，要一读再读，要做摘记，要仔细体会书中的内容；应该略读的书，只要明白了它的大意，走马观花就可了事。

那么，哪种书应该精读，哪种书应该略读呢？这本来在读书的人看了就会明白的，正像每个人见了蟹就知道要仔细剥吃，见了馒头就知道可以狼吞虎咽一样。一般地说，凡是内容简单，一看就能明白的，文字很平淡而又缺乏研究价值的，都是可以略读的书；反之，如果是内容复杂，文字精美的，就是应该精读的书。

末了，我们除了应该读有字的书，还应该读没字的书，没字的书就是指社会上许多没有用文字记载在书本上的知识。这许多知识，虽然并不记载在书本上，但和记载在书本上的知识，却是同样的重要。不过这种没字的书，是无形的，在社会上随时发生又随时失去，我们既然知道了它的重要，就应该随时留心，随时注意，把它一一记在心里充实我们自己！

读后作业

（1）想想：社会上有许多人没有读过有字的书，为什么也能做人？

（2）想想：没字的书可以写成有字的书吗？说出理由。